Behrouz Hosseini

Segurança nos sistemas RFID

Behrouz Hosseini

Segurança nos sistemas RFID

ScienciaScripts

Imprint

Cover image: www.ingimage.com

This book is a translation from the original published under ISBN 978-3-659-85212-1.

Publisher:
Sciencia Scripts
is a trademark of
Dodo Books Indian Ocean Ltd. and OmniScriptum S.R.L publishing group

120 High Road, East Finchley, London, N2 9ED, United Kingdom
Str. Armeneasca 28/1, office 1, Chisinau MD-2012, Republic of Moldova, Europe
Printed at: see last page
ISBN: 978-620-8-35617-0

ÍNDICE

RESUMO

A segurança na RFID é muito especial devido às muitas limitações destes sistemas. O principal objetivo dos sistemas RFID é a transmissão de dados codificados através do canal e a proteção da privacidade do proprietário. As etiquetas RFID são produzidas a partir de um conjunto de portas electrónicas simples e não podem processar cálculos complexos. Este estudo utilizou funções de hash simples ou funções criptográficas de chave simétrica. Cada uma destas funções necessita de uma chave secreta para encriptar e desencriptar dados e da Árvore de Segredos adequada para sistemas RFID, porque a pesquisa neste algoritmo é logarítmica e pode ser alterada para Árvore de Delegação para sistemas offline. Neste método, a etiqueta mantém mais do que uma chave e gera pseudónimos com números aleatórios sempre que a etiqueta é lida. A privacidade do proprietário é outra preocupação nos sistemas RFID que foi coberta pelo método de transferência de propriedade. Este método altera algumas informações nos sistemas RFID para aceder às etiquetas através de leitores autorizados.

Palavras-chave: RFID, privacidade, árvore de segredos, árvore de delegação limitada no tempo, transferência de propriedade

CAPÍTULO I

INTRODUÇÃO

Antecedentes do estudo

A identificação por radiofrequência (RFID) é uma tecnologia de transferência de dados através de campos electromagnéticos para identificação automática e rastreio de etiquetas fixadas a objectos. A RFID é muito atractiva para a maioria das indústrias porque as empresas podem melhorar os seus produtos e reduzir os custos, mas um mecanismo de segurança deficiente é um dos pontos fracos desta tecnologia.

Sem protocolos seguros, os sistemas RFID são vulneráveis a ataques e as questões de privacidade e segurança ficam ameaçadas. Foram definidos muitos protocolos para garantir a segurança dos sistemas RFID e cada um deles é útil para uma aplicação específica, mas a parte mais importante dos sistemas RFID está relacionada com as limitações das etiquetas nestes sistemas. Os sistemas RFID são como sistemas sem fios e todas as comunicações são efectuadas através da interface aérea. A criptografia ajuda-nos a encriptar os dados para os impedir de serem escutados, mas as restrições das etiquetas RFID obrigam-nos a utilizar uma criptografia leve.

Algumas normas foram definidas por uma organização que nos ajuda a melhorar a segurança e a privacidade nos sistemas RFID. A EPC é uma organização que se centra na RFID e define os protocolos necessários para a segurança da RFID. Para ter um sistema seguro, os sistemas RFID necessitam de requisitos mínimos que podem ser encontrados nos protocolos da Geração EPC.

Diz-se geralmente que as raízes da tecnologia de identificação por radiofrequência remontam à Segunda Guerra Mundial. Os alemães, os japoneses, os americanos e os britânicos utilizavam o radar, descoberto em 1935 pelo físico escocês Sir Robert Alexander Watson-Watt, para avisar os aviões que se aproximavam quando ainda estavam a quilómetros de distância. Não havia forma de identificar quais os aviões que pertenciam ao inimigo e quais os pilotos do próprio país que regressavam de uma missão.

Os alemães descobriram que, quando os pilotos rolavam os seus aviões quando regressavam à base, isso alterava o sinal de rádio refletido. Este método rudimentar alertava a equipa de radar em terra de que os aviões eram alemães e não aliados.

Cardullo (1973) afirma ter recebido a primeira patente americana para uma etiqueta RFID ativa com memória regravável. No mesmo ano, Walton (1973), um empresário da Califórnia, recebeu uma patente para um transponder passivo utilizado para abrir uma porta sem chave. Um cartão com um transponder incorporado comunicava um sinal a um leitor próximo da porta. Quando o leitor detectava um número de identidade válido armazenado na etiqueta RFID, o leitor destrancava a porta. A Walton licenciou a tecnologia à Schlage, um fabricante de fechaduras, e a outras empresas.

Além disso, a RFID é uma tecnologia útil, mas apresenta muitas fragilidades em termos de segurança que podem afetar a tecnologia. Existem muitos cenários de ataque aos sistemas RFID, cujas questões são abordadas de seguida.

Por outro lado, a clonagem refere-se à duplicação de especificações de segurança que podem passar por autênticas durante a inspeção. Os ataques de clonagem de etiquetas em grande escala podem comprometer gravemente as soluções anti-contrafação e, por conseguinte, devem ser abordados durante a conceção do sistema.

A ofuscação implica a utilização de tecnologia de proteção enganadora. As empresas ilícitas alteram frequentemente as caraterísticas de segurança para evitar copiar a tecnologia de proteção, mas estas alterações complicam o processo de inspeção. Os produtores ilícitos baseiam-se na falta de conhecimento durante os processos de inspeção.

A omissão de etiquetas, ou seja, a renúncia aos dispositivos de segurança por parte dos produtores de contrafação, mesmo que os artigos genuínos correspondentes estejam equipados com medidas de proteção, assenta em taxas de inspeção baixas em muitas categorias de mercadorias. Este fenómeno mostra a necessidade de inspecções em grande escala e, consequentemente, de baixo custo.

A Remoção-Reaplicação é um tipo de método de ataque aos sistemas RFID. Neste método, os atacantes removem a etiqueta de um produto genuíno e utilizam-na noutro produto.

Os ataques de negação de serviço ou (ataque DoS) são um método para indisponibilizar a máquina ou a rede para servir os utilizadores. Nos sistemas RFID, DoS significa que se enviam muitos pedidos para que o leitor RFID contacte o sistema RFID. Este sistema não consegue responder aos pedidos reais.

Objectivos do estudo

Esta secção apresenta os objectivos gerais e específicos do estudo.

Objetivo geral

Os sistemas RFID têm muitos pontos fracos em termos de segurança. O investigador pretende encontrar formas de resolver estes problemas. Além disso, o objetivo deste estudo é encontrar o melhor método de prevenção de ataques.

Além disso, a segurança dos sistemas RFID não é a única preocupação e objeto do presente estudo. Também se centra na privacidade, que é outra parte dos sistemas. Além disso, o desempenho e o trabalho offline são muito importantes nos sistemas.

Objectivos específicos

- Proteger a comunicação entre todas as partes dos sistemas RFID, fornecendo encriptação de dados utilizando uma criptografia leve.
- Desenvolver um software capaz de selecionar a melhor forma de encriptar e desencriptar dados sem transferir chaves secretas.
- Fornecer um protocolo para garantir a privacidade e impedir o acesso a informações pessoais por leitores não autorizados.
- Proteger o sistema RFID através da fusão da segurança nas etiquetas (hardware e software), na rede (hardware e rede) e no software e, eventualmente, incorporar estas técnicas para fornecer um sistema seguro.
- Fornecer um protocolo para sistemas offline e um método para delegar etiquetas no leitor durante um período de tempo limitado.

Âmbito e delimitação do estudo

O estudo centrou-se no método especial de encriptação de dados para fins de segurança quando transmitidos entre os dispositivos. A parte importante da criptografia está relacionada com as chaves que são utilizadas para encriptar e desencriptar dados. A árvore de segredos ajuda a armazenar mais do que uma chave nas etiquetas e no servidor principal, e estas chaves nunca serão transferidas através do canal. O estudo abrangerá apenas etiquetas RFID de baixo custo com caraterísticas mínimas suportadas pelo protocolo proposto. O estudo consiste em três partes importantes: Árvore de Segredos, Árvore de Delegação e Transferência de Propriedade.

O estudo também se centrou no funcionamento offline, que é muito importante nos sistemas RFID. Os sistemas RFID com funcionalidade offline podem funcionar melhor do que outros porque, nestes sistemas, os processos são distribuídos pelos leitores. Outra vantagem do sistema offline está relacionada com as ligações de baixa largura de banda, que são consideradas um grande problema para alguns sistemas.

O estudo não abrange as etiquetas sem protocolo EPC porque algumas caraterísticas necessárias ao protocolo estão definidas nas normas globais EPC.

Importância do estudo

Este estudo será significativo para os seguintes aspectos:

Fornecedor

Neste estudo, os fornecedores podem utilizar etiquetas RFID de baixo custo com a segurança adequada para os seus produtos. A questão mais importante para os fornecedores é o custo e a segurança. Supondo que o sistema propõe um protocolo para a segurança de etiquetas RFID de baixo custo, os fornecedores aceitá-lo-ão definitivamente para serem utilizados na sua cadeia de abastecimento. Outra questão importante está relacionada com o desempenho do sistema. O sistema pode funcionar em linha e fora de linha, o que constitui uma vantagem para os fornecedores. No protocolo proposto, a identificação de uma etiqueta é muito rápida porque utiliza árvores para encontrar uma etiqueta.

Clientes

A questão mais importante para o cliente é a da privacidade. Quando um cliente compra um produto que tem uma etiqueta RFID, isso significa que o cliente transporta um produto que todos os leitores RFID podem localizar e obter algumas informações. No protocolo proposto, define-se a transferência de propriedade que ajuda os clientes a garantir a sua privacidade. Quando uma etiqueta é transferida de um proprietário para outro, o protocolo altera algumas informações na etiqueta para que os leitores do proprietário mais antigo não possam aceder à etiqueta. Por exemplo, quando o produtor vende um produto ao retalhista, os leitores do produtor não podem comunicar com essas etiquetas e só o leitor do retalhista pode ler e escrever etiquetas.

Investigador

O investigador pretende implementar um protocolo para proteger uma etiqueta de alguns ataques e para proteger a privacidade. No protocolo proposto, combina alguns algoritmos simples da ciência da computação e cria um novo protocolo para proteger etiquetas RFID de baixo custo. O investigador pode acrescentar ou eliminar outro algoritmo para aumentar a segurança e o desempenho.

CAPÍTULO II

REVISÃO DE LITERATURAS E ESTUDOS RELACIONADOS

A identificação por radiofrequência (RFID) é uma nova tecnologia que atraiu recentemente o interesse da comunidade científica devido às extraordinárias vantagens que oferece em relação às outras tecnologias existentes de identificação e captação de dados. Este capítulo foi concebido para analisar a literatura existente sobre RFID e explorar os problemas dos actuais sistemas RFID, uma vez que a tecnologia ainda se encontra em fase de aceitação.

Desde que a tecnologia RFID nasceu e cresceu até agora, tem muitas vantagens. No entanto, tem muitos pontos fracos que o investigador pretende explicar neste capítulo, a segurança RFID no sistema. A segurança pode ajudar os sistemas RFID a serem utilizados em muitas empresas sem quaisquer preocupações. Este estudo tem como objetivo discutir os pontos fracos da segurança e descobrir a melhor solução para garantir a segurança dos sistemas RFID.

A evolução da RFID

A identificação por radiofrequência é uma tecnologia em crescimento que existe desde o início do século XX e foi utilizada na guerra mundial. A teoria electromagnética relacionada com a identificação por radiofrequência foi estudada na década de 1960. Os inventores estavam ocupados com invenções relacionadas com a RFID, como os "Dispositivos alimentados por radiofrequência activados remotamente" de Robert Richardson e as "Técnicas de transmissão passiva de dados utilizando ecos de radar" de J. H. Vogelman. Nesta altura, a RFID desenvolveu-se e começou a mudar a nossa vida. A década de 1960 foi o início da adoção da RFID nas actividades comerciais. O desenvolvimento significativo da RFID aumentou na década de 1970, quando a RFID foi utilizada para localizar veículos, automatização de fábricas, etc.

A investigação e o desenvolvimento nos Estados Unidos concentraram-se nos transportes, no acesso do pessoal e, em menor medida, nos animais. Em 1987, a Europa introduziu a primeira aplicação comercial da RFID para a cobrança de portagens. A Noruega seguiu-se-lhe rapidamente, tal como os Estados Unidos, com a cobrança de portagens RFID na Dallas Turnpike em 1989 e na Port Authority em Nova Iorque e Nova Jérsia.

Nos Estados Unidos e na Europa, a cobrança de portagens por RFID foi alargada a todos os países. A Texas Instruments começou a desenvolver um sistema utilizado em muitos veículos para o controlo do arranque do motor do veículo. Outras empresas começaram a desenvolver este sistema para utilização noutras aplicações. [st]O ritmo de desenvolvimento da tecnologia RFID é também evidente no século XXI, em que até o mais modesto dos artigos, como um tecido, tem uma pequena mancha adesiva de RFID e a implantação humana de uma etiqueta RFID, também num grão de arroz, é a realidade atual.

Desenvolvimento tecnológico

À primeira vista, parece que a tecnologia RFID está a funcionar sem qualquer dificuldade, uma vez que pode ser uma tecnologia simples, mas na realidade não é verdade. Trata-se de uma tecnologia que abrange diversas áreas, como a conceção CMOS, a gestão de dados, a encriptação, a propagação de rádio, a conceção e integração de sensores e a engenharia de redes, para mencionar apenas algumas. A tecnologia RFID utiliza componentes como etiquetas e leitores (normalmente ligados a um computador anfitrião ou a uma rede). As etiquetas RFID são construídas com pastilhas de silício e antenas.

Sendo classificadas como activas ou passivas, as etiquetas RFID podem ser alimentadas por uma bateria ou iluminadas pelas ondas de rádio emitidas por um leitor especializado, respetivamente. As informações recolhidas por um interrogador ou leitor RFID a partir de uma etiqueta RFID são armazenadas através de um sistema de base de dados. Um condensador localizado no circuito da etiqueta passiva é responsável por armazenar a energia proveniente do leitor RFID. Esta energia recolhida é utilizada para transmitir as informações da etiqueta RFID ao leitor RFID.

A seleção das etiquetas activas e passivas a utilizar é um componente crucial da estratégia de conceção da arquitetura. A conceção da arquitetura da rede RFID é essencial para o desenvolvimento de um sistema RFID. Independentemente dos tipos de componentes utilizados num sistema RFID, o desempenho do sistema RFID é avaliado com base na sua capacidade de localizar objectos. De acordo com Solanas e Dominngo-Ferrer, é crucial criar uma rede que tenha a capacidade de escalar em tamanho. Na literatura, um documento intitulado "Developing a low cost RFID (Radio Frequency Identification) Middleware for Small Business Applications" (Desenvolvimento de um Middleware RFID (Identificação por radiofrequência) de baixo custo para aplicações de pequenas empresas), concluiu-se que "Com a RFID a emergir claramente como a nova norma da cadeia de abastecimento, a oportunidade é imensa neste mercado". O documento afirmava ainda que "para que qualquer empresa possa "ganhar o jogo das etiquetas", tem de começar por compreender de que forma a RFID pode ajudar a sua atividade e selecionar hardware e middleware RFID que seja não só aplicável à sua atividade, mas também escalável para um crescimento futuro".

O sistema RFID é constituído por 4 componentes, como se mostra na figura 1:

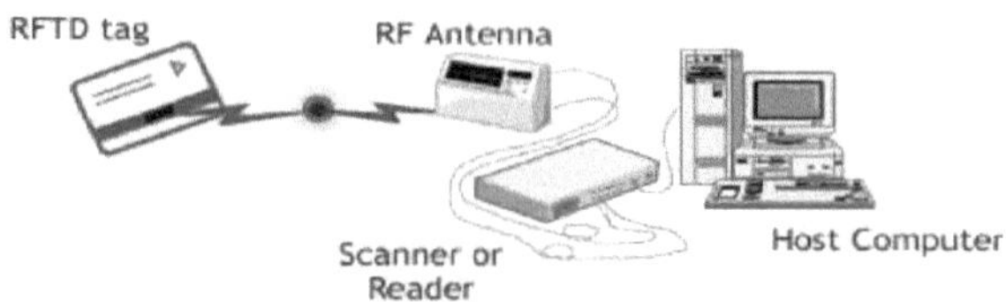

Figura 1: Componentes do sistema RFID

- Etiqueta: Uma etiqueta RFID é um pequeno objeto, como um autocolante, que pode ser fixado ou incorporado num produto. A etiqueta armazena dados relevantes sobre o item etiquetado.
- Antena de RF: A interface de rádio entre o leitor e a etiqueta.
- Leitor: Um dispositivo que comunica com a etiqueta para ler ou escrever os dados armazenados na etiqueta.
- Computador anfitrião: Consiste num ou mais computadores, incluindo um sistema de base de dados que está ligado a um ou mais dispositivos de leitura. O leitor transmite o valor da etiqueta à unidade de processamento que recupera mais informações sobre a etiqueta a partir da base de dados de informações sobre a etiqueta.

Num sistema RFID, os objectos individuais são equipados com uma etiqueta pequena e barata que contém um chip de memória digital que armazena um código eletrónico único do produto. Uma etiqueta é constituída por um chip e uma antena integrada que é apresentada na figura abaixo:

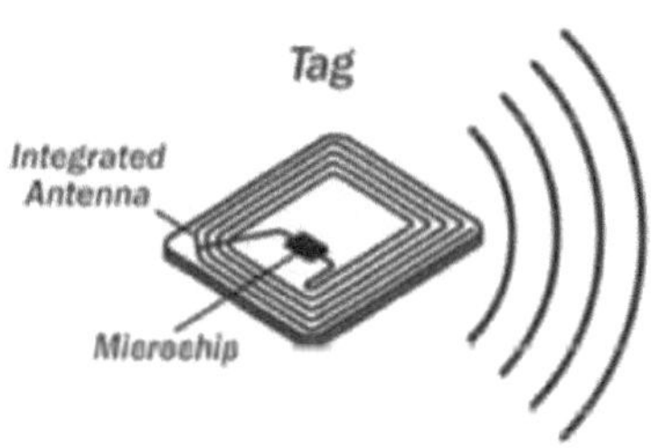

Figura 2: Componentes da etiqueta RFID

As etiquetas com chip são compostas por um microchip e um elemento de acoplamento - uma antena. A maioria das etiquetas só é activada quando se encontra na zona de interrogação do interrogador; fora dela, fica "adormecida". As etiquetas podem ser apenas de leitura (programadas durante o fabrico) ou, com maior complexidade e custo, de leitura-escrita ou ambas. As etiquetas com chip contêm memória. O tamanho da etiqueta depende do tamanho da antena, que aumenta com o alcance da etiqueta e diminui com a frequência.

O interrogador, uma antena equipada com um transcetor e um descodificador, emite um sinal que ativa a etiqueta RFID para que possa ler e escrever dados nela. Dependendo da aplicação e da tecnologia utilizada, alguns interrogadores não só lêem, como também escrevem remotamente nas etiquetas. Para a maioria das etiquetas de baixo custo (etiquetas sem pilhas), a energia para ativar o microchip da etiqueta é fornecida pelo leitor através da antena da etiqueta quando esta se encontra na zona de interrogação do leitor, tal como o impulso de temporização - são as chamadas etiquetas passivas. Quando a etiqueta RFID é exposta na zona do leitor, este detecta-a e descodifica os dados codificados no circuito integrado da etiqueta, enviando-os para o computador central para processamento.

Etiquetas RFID

A identificação por radiofrequência pode ser explicada de uma forma simples. Os sistemas RFID têm etiquetas RFID que são incorporadas nos produtos com dados especiais. Estas etiquetas têm uma antena e um pequeno microchip com algum armazenamento de dados e uma funcionalidade lógica limitada. Todas as etiquetas RFID podem ser classificadas em quatro grupos de acordo com a sua frequência de funcionamento.

- O primeiro tipo de etiquetas nesta classificação são as de baixa frequência (LF), que são menos afectadas por metais e líquidos, mas a taxa de transferência de dados é baixa e são caras devido ao cobre necessário para antenas maiores.

- As segundas são as etiquetas de alta frequência (HF) com elevadas taxas de transferência de dados e mais baratas do que as etiquetas LF, mas estas etiquetas são afectadas por metais e líquidos.

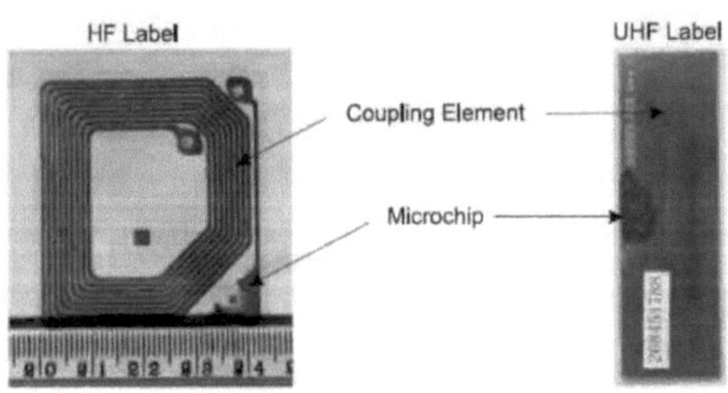

Figura 3: Componentes de uma etiqueta RFID

- O terceiro tipo de etiquetas é o de frequência ultra-alta (UHF), com taxas de transferência de dados mais elevadas e de fabrico mais barato. Estas etiquetas são menos sensíveis à desafinação ambiental, mas são muito fracas na proximidade de metais e líquidos.

- O último tipo de etiquetas RFID são as micro-ondas, com taxas de transferência de dados muito elevadas, mas estas etiquetas não são adequadas para a proximidade de metais e líquidos, como as etiquetas UHF. Outra desvantagem destas etiquetas é a necessidade de uma linha de visão para a comunicação a longa distância.

As etiquetas RFID podem também ser classificadas com base nas técnicas de alimentação utilizadas para fazer funcionar os circuitos microelectrónicos.

- As etiquetas passivas têm um alcance de leitura de 3m a 5m, não têm bateria e utilizam leitores individuais e o tipo de transmissão é retrodifusão.

- As etiquetas semi-passivas utilizam uma bateria para alimentação e o alcance de leitura é de 10 a 20 m e a transmissão é retrodifundida, tal como as etiquetas passivas.

- As etiquetas activas têm um alcance de leitura de cerca de 1000 m e utilizam uma bateria para a alimentação e para a transmissão.

Conceito EPC

Por outro lado, os sistemas RFID têm leitores que enviam sinais para as etiquetas e lhes pedem dados. Depois de ler os dados solicitados, é necessário verificá-los e identificá-los. Uma base de dados pode ajudar-nos a encontrar um produto e a obter informações completas sobre ele. Os dados armazenados numa etiqueta RFID podem ser utilizados para identificar de forma exclusiva o objeto, a pessoa ou o animal associado à etiqueta. A identificação única requer um identificador único definido por uma norma. O EPC (Electronic Product Code) é um formato de código de identificação de produto único, que está a ser normalizado para utilização em aplicações RFID. A representação binária do EPC é apresentada na figura 4. O cabeçalho identifica o formato EPC utilizado pela etiqueta; 96 bits, 64 bits ou 256 bits, enquanto o número de diretor-geral identifica uma entidade organizacional. Estes números têm de ser únicos e podem ser atribuídos por um organismo de normalização, como a EPCglobal Inc. A classe de objeto é utilizada por um diretor-geral para identificar uma classe de produto específica. O Número de Série é um número único dentro de cada Classe de Objeto. É importante que os números de série sejam únicos para objectos etiquetados por uma determinada organização dentro de uma classe de produto. No entanto, diferentes objectos podem reutilizar os mesmos números de série, uma vez que a diferença nos códigos de produto assegurará a identificação única do produto. Assim, o tripleto de Número do administrador geral, Classe de objeto e Número de série identifica exclusivamente um objeto.

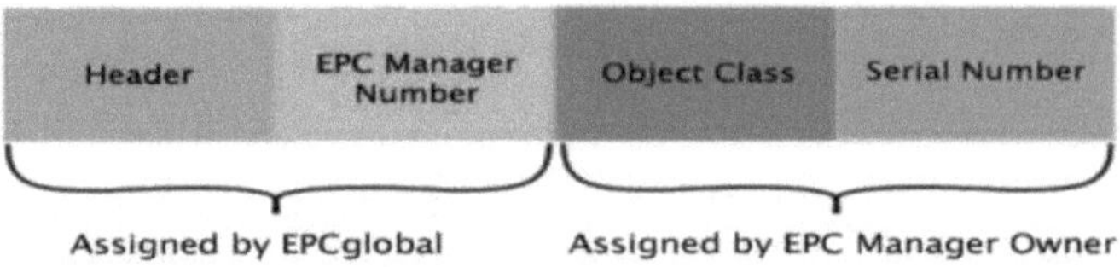

Figure 4: Representação a nível de bits de um formato de identificador geral de tipo EPC

Hierarquias de etiquetas

O Centro Auto-ID classifica as etiquetas RFID com base numa hierarquia funcional. As classes funcionais surgiram como resultado de discussões entre o Centro de Auto-ID e as empresas patrocinadoras. A formulação de uma hierarquia de classes de etiquetas permite o desenvolvimento de uma gama de etiquetas para satisfazer diferentes requisitos de aplicação, ao mesmo tempo que estabelece expectativas realistas em termos de funcionalidade. A Figura 5 esboça a hierarquia de classes proposta.

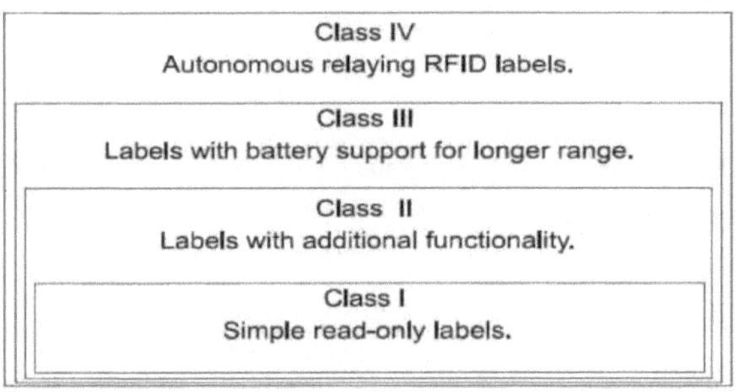

Figure 5: Um esboço da hierarquia de classes de etiquetas

As etiquetas de classe I fornecem a funcionalidade mínima necessária. Nesta classe, só se pode escrever o código EPC uma vez e a classe I tem um CRC para verificação da transmissão, e destruição da palavra-passe depois de utilizada na etiqueta de processo. Estas etiquetas podem ser destruídas eletronicamente antes de as mercadorias serem entregues ao comprador no seu ponto de venda final. As etiquetas de classe I são etiquetas RFID de baixo custo, normalmente passivas.

As etiquetas de classe II têm mais funcionalidades adicionais, como a capacidade de leitura-escrita, a segurança dos dados, a privacidade e a capacidade de deteção de roubo. Estas etiquetas são passivas e têm um alcance de leitura limitado.

As etiquetas da classe III contêm um suporte de bateria para comunicações de longo alcance. Estas etiquetas podem ser activas ou semi-passivas e podem suportar comunicações de banda larga.

As etiquetas de classe IV são etiquetas activas capazes de comunicar entre si com outras etiquetas de classe IV que utilizam a mesma frequência. As etiquetas de classe IV são cada vez mais vistas como etiquetas autónomas em rede, capazes de formar redes sem fios ad-hoc.

Interrogadores

Nos sistemas RFID, são necessários leitores para comunicar com as etiquetas através de uma interface RF. Um forte campo de armazenamento de energia nas proximidades da antena do leitor, ou a irradiação de ondas electromagnéticas, estabelecem as interfaces RF. A comunicação entre um leitor e as etiquetas RFID envolve a interrogação da etiqueta para obter dados, a escrita de dados na etiqueta ou a transmissão de comandos para a etiqueta de modo a afetar o seu comportamento. Os leitores são constituídos pela sua própria fonte de energia, capacidade de processamento e uma antena. O princípio geral de conceção dos sistemas RFID baseados no EPC consiste em transferir a complexidade do silício da etiqueta para os sistemas de apoio e para o leitor, a fim de reduzir ao mínimo o custo das etiquetas. Assim, os leitores dispõem de uma grande capacidade de computação e podem atuar como representantes para realizar tarefas computacionalmente intensivas para as etiquetas RFID. No entanto, cada vez mais, na procura de leitores de baixo custo, as arquitecturas dos leitores estão a ser simplificadas para gerir os custos e as tarefas complexas estão a ser remetidas para os sistemas de retaguarda.

Anti-colisão

Uma das caraterísticas mais importantes dos sistemas RFID é a anti-colisão. Quando os sistemas RFID têm muitos tags na zona do leitor, este deve ser capaz de os detetar o mais rapidamente possível. Mas os sistemas RFID têm sempre colisão para ler as etiquetas porque os leitores e as etiquetas comunicam entre si através de um canal sem fios partilhado. No entanto, a existência de muitas etiquetas e leitores pode causar dois problemas possíveis: o leitor pode não identificar todas as etiquetas e o processo de identificação pode sofrer um grande atraso. Assim, são necessários algoritmos anti-colisão que proporcionem um reconhecimento rápido e correto, independentemente da ocorrência de colisões.

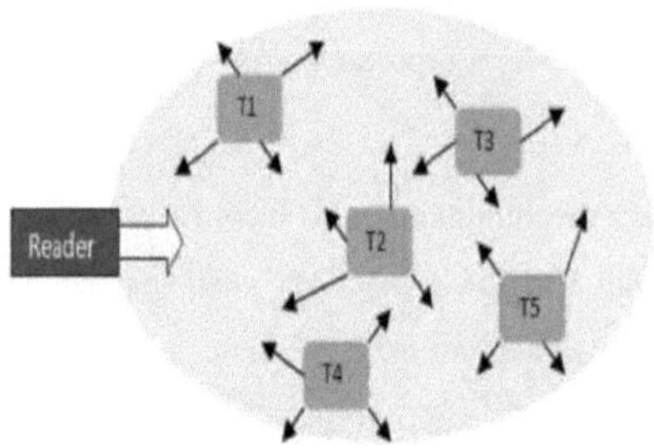

Figura 6: A causa da colisão

Existem muitos algoritmos para evitar a colisão e podem ser classificados em dois grupos principais: algoritmos probabilísticos e algoritmos determinísticos. De acordo com **J. Myung et al** (2006), os algoritmos probabilísticos reduzem a possibilidade de colisão de etiquetas, permitindo que as etiquetas transmitam os seus próprios dados armazenados em momentos diferentes. Os algoritmos probabilísticos mais conhecidos são o ALOHA, o slotted ALOHA e o frame slotted ALOHA. Nestes algoritmos, as etiquetas são selecionadas aleatoriamente e o seu tempo de transmissão e a única diferença entre os algoritmos de probabilidade é o tempo de seleção para a transmissão. No entanto, os algoritmos probabilísticos não podem evitar completamente as colisões. Além disso, estes algoritmos não podem garantir que todas as etiquetas sejam reconhecidas num determinado período de tempo se o número de etiquetas não for conhecido antecipadamente. Por conseguinte, uma determinada etiqueta pode não ser identificada durante um longo período de tempo, o que pode causar um problema de "tag starvation".

Nos algoritmos determinísticos, o leitor envia um comando de pedido, que se baseia em IDs de etiquetas, para que todas as etiquetas na zona de interrogação respondam. Estes métodos baseiam-se em algoritmos de anti-colisão em árvore, como a árvore binária e os algoritmos de árvore de consulta. Na árvore binária, quando ocorre uma colisão, o algoritmo divide todas as etiquetas em dois grupos até que uma etiqueta seja identificada sem colisão. Existem muitos métodos para as árvores binárias. Os algoritmos de consulta enviam um prefixo em cada iteração de comunicação e as etiquetas respondem se o prefixo corresponder a partes dos seus IDs. Se ocorrer uma colisão, estes algoritmos expandem o prefixo apenas num bit e ignoram todas as respostas para o prefixo antigo. **J. Myung et al** (2007) indicaram que a eficiência do processo de identificação para algoritmos determinísticos pode ser afetada pelo comprimento e pela distribuição dos ID das etiquetas, bem como pelo tamanho da população de etiquetas.

Especificações do sistema RFID de baixo custo

A maioria das formas de tecnologia RFID de baixo custo suportadas pela EPCglobal e utilizadas em muitas cadeias de abastecimento são a Classe I e a Classe II. As etiquetas RFID de baixo custo que envolvem etiquetas de classe I e classe II baseiam-se na tecnologia RFID passiva. Devido ao seu potencial de utilização prolífica no futuro, a maioria dos debates sobre a RFID de baixo custo considera inevitavelmente vários aspectos dessas etiquetas. A presente secção centra-se na descrição dos sistemas RFID de baixo custo e apresenta uma panorâmica dos custos de fabrico das etiquetas de baixo custo e dos componentes IC de uma etiqueta RFID.

Uma etiqueta de baixo custo

Na estrutura das etiquetas de classe I existem 7 000 a 15 000 portas, enquanto as etiquetas de classe II têm um número de portas superior. Um microcircuito RFID pode ser subdividido em três partes principais: front-end de RF, circuito de memória e máquina de estado finito. A figura 7 ilustra um transponder RFID típico de baixo custo.

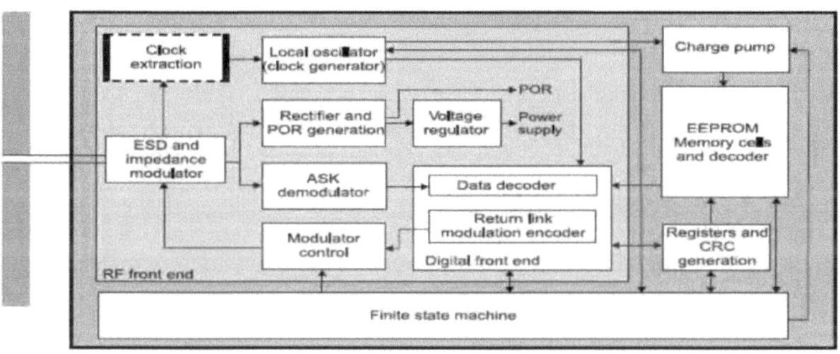

Figura 7: Diagrama de blocos de uma etiqueta RFID UHF/HF passiva

Front-end de RF

Esta parte é constituída por uma antena para ligar o terminal da antena ao CI da etiqueta. Os circuitos de desmodulação ASK extraem as quedas de modulação do sinal recebido, enquanto o retificador rectifica o sinal recebido para gerar energia, que deve ser regulada utilizando um regulador de tensão para evitar picos de tensão devido a variações nas intensidades do campo RF.

Circuito de memória

Nas etiquetas de baixo custo, existe uma memória limitada que é de escrita única ou de leitura-escrita. Nas etiquetas de classe I, a memória é apenas de leitura, enquanto nas etiquetas de classe

II pode haver alguma memória de leitura-escrita. Para a memória de leitura-escrita, no momento da escrita, a memória requer uma grande tensão antes de a informação poder ser armazenada na memória.

Nesta secção 5, existem circuitos CRC para validar o CRC nos dados e comandos recebidos de um interrogador. Na figura 7, uma etiqueta tem uma unidade de geração de CRC que é utilizada no cálculo do CRC para os dados enviados da etiqueta para um interrogador antes de serem codificados para modulação pelo codificador de modulação de ligação de retorno.

A EEPROM armazenará o número EPC da etiqueta na implementação de um EPC.

Máquina de estado finito

A lógica da pastilha executará todos os comandos do leitor e implementará um esquema anticolisão que permite a leitura de várias etiquetas por um leitor. Este circuito também controla o acesso de leitura e escrita aos circuitos de memória EEPROM. Na etiqueta de baixo custo, a capacidade de computação é limitada. A única operação aritmética que existe nas etiquetas de baixo custo é o cálculo do CRC para verificação de erros nos dados recebidos e o cálculo do CRC para a transmissão de dados. Assim, para uma etiqueta de baixo custo, qualquer hardware adicional necessário para implementar a segurança tem de ser projetado e fabricado, o que implica custos adicionais.

Consumo de energia da etiqueta

O consumo de energia nas etiquetas RFID depende de muitos factores, como o facto de a etiqueta ter um funcionamento de escrita ou apenas de leitura. É também influenciado por outros factores, como a taxa de transmissão ou a dimensão do processo de fabrico utilizado. Uma etiqueta que efectue uma operação de leitura necessitará de cerca de 5 μW - 10 μW, enquanto uma etiqueta que tente efetuar uma operação de escrita na sua E2PROM necessitará de cerca de 50 μW ou mais.

Proteção física

Nas etiquetas de baixo custo não existe tecnologia anti-violação devido a restrições de custo, pelo que o conteúdo da memória das etiquetas não está protegido contra o acesso físico. Os atacantes podem facilmente deitar as mãos às etiquetas e tentar operá-las com o seu próprio leitor, o que significa que um atacante pode escolher a operação e os dados de entrada que fornece a uma etiqueta. Este facto torna os ataques muito mais poderosos do que a simples escuta de um canal de comunicação.

É importante perceber que os atacantes podem utilizar e destruir etiquetas para obter outras informações. Uma vez que as etiquetas estão disponíveis a um preço muito baixo e em quantidade aparentemente ilimitada, um atacante pode operar as etiquetas para além da gama de condições de funcionamento especificada e tentar encontrar vulnerabilidades em circunstâncias especiais.

Normas RFID

Existe uma variedade de normas para os sistemas RFID. Como muitas normas RFID ainda estão a ser desenvolvidas e outras ainda estão a ser actualizadas, os investigadores aconselham-no a consultar os sítios Web das autoridades competentes para obter as informações mais recentes. A norma ISO 18000 é composta por sete partes que definem a norma de interface aérea para diferentes frequências, desde LF, HF a UHF. No entanto, para as etiquetas UHF, a norma mais prevalecente é a ratificada pela EPCglobal, designada por protocolo de interface aérea Classe I Geração II.

No entanto, para as etiquetas HF, não existe uma norma prevalecente, embora a EPCglobal esteja atualmente a desenvolver uma especificação HF para complementar o seu protocolo de interface aérea UHF. Possivelmente, a especificação de protocolo de etiquetas HF mais prevalecente é a ISO 180003 Modo 1, mais comummente utilizada por implantações de etiquetas em várias bibliotecas em todo o mundo. As normas existentes mais frequentemente utilizadas para etiquetas HF, para além da ISO 18000, são as seguintes

- ISO 14443 (tipos A e B). Os dispositivos que funcionam segundo esta norma são dispositivos RFID de proximidade com um alcance de leitura de alguns centímetros

- A norma ISO 15693 foi recentemente acrescentada aos dispositivos RFID de "cartão de proximidade", em que o alcance de funcionamento dos dispositivos pode ser próximo de 1 metro (o modo de funcionamento I da especificação ISO parte 3 baseia-se na norma ISO 15693).

Requisitos operacionais do sistema

Há dois desempenhos importantes para que os sistemas RFID justifiquem as suas vantagens para a comunidade de utilizadores finais. Estes parâmetros de desempenho são o número de leituras de etiquetas por segundo e a velocidade de transmissão de dados. Os critérios de desempenho de um sistema RFID exigem uma velocidade mínima de leitura de etiquetas superior a 200 etiquetas por segundo. De acordo com o protocolo C1G2, é possível calcular uma velocidade máxima de transmissão de dados entre etiquetas e leitores de 640 kbps e uma velocidade de transmissão de dados entre leitores e etiquetas de 126 kbps, com base em uns e zeros binários prováveis na transmissão.

Segurança proporcionada pelos rótulos de classe I e de classe II

Os dois tipos de etiquetas RFID de baixo custo são a classe I e a classe II, que se baseiam na tecnologia RFID passiva. A comunidade RFID elaborou uma lista de requisitos dos utilizadores finais para as etiquetas de classe I e de classe II, que foi integrada nas actuais normas do protocolo C1G2.

Caraterísticas de segurança da classe I Geração 2

As etiquetas de classe I têm apenas uma memória de leitura ou de escrita única e não podem ser utilizadas para um mecanismo de segurança complexo. Por conseguinte, necessitam do comando "Kill" e de uma palavra-passe para controlar o acesso ao comando "Kill", de modo a que os consumidores possam optar por desativar a etiqueta RFID quando compram o artigo com etiqueta RFID.

O "abate" de uma etiqueta, definido pela **EPCglobal Inc** [3], implica a destruição da etiqueta, tornando-a inoperacional, por exemplo, accionando um fusível ou desligando a antena. Com o comando "matar", o utilizador perde todos os benefícios que poderia ter obtido de um "objeto inteligente". Existe uma solução alternativa em vez do comando "matar". Esta ideia consiste em remover o número de série único do código EPC dos artigos, o que permite localizar o proprietário do rótulo, embora na prática seja difícil. Esta solução não elimina todos os problemas de privacidade, pois o rastreio continua a ser possível associando uma "constelação" de um grupo de etiquetas a um indivíduo. Isto implica que um gosto particular por roupas e sapatos pode permitir que a privacidade da localização ou o anonimato de um indivíduo seja violado. No entanto, "matar" uma etiqueta elimina as preocupações com a privacidade e impede o acesso de leitores não autorizados quando combinado com uma palavra-passe para controlar o acesso ao comando de matar.

Para matar uma etiqueta com o comando kill, a melhor ideia é assumir uma palavra-passe para executar este comando, mas a maioria dos hackers tenta matar uma etiqueta encontrando a palavra-passe. A melhor solução para este método de hacking é o sleep time. Depois de uma palavra-passe inválida enviada para o tag para o comando kill, o tag entra em modo de suspensão, o que significa que não aceitará outro comando kill durante um determinado período de tempo. Este método pode aumentar significativamente o tempo necessário para um atacante tentar matar um tag.

Outra capacidade necessária para as etiquetas de classe I é a de bloquear os dados EPC, de modo a permitir um bloqueio único e permanente dos dados EPC na etiqueta, para que os dados EPC não possam ser alterados por um leitor não autorizado depois de terem sido escritos.

Elementos de segurança dos rótulos da classe II

H. Cole e C. Ranasinghe (2008) mostraram que as etiquetas de classe superior precisam de fornecer uma ligação segura para a comunicação com a etiqueta RFID, ao mesmo tempo que fornecem controlo de acesso às funcionalidades da etiqueta. Na maioria dos outros sistemas de comunicação digital sem fios bidirecional, os sinais em cada ligação são transmitidos a partir de antenas separadas e as perdas de propagação entre elas são recíprocas. As ligações diretas nos sistemas RFID são assim: o leitor transmite sinais para a etiqueta.

Vulnerabilidades dos sistemas RFID de baixo custo

A tecnologia RFID de baixo custo tem o potencial de promover uma boa base de negócios, porque poupa custos e melhora os processos. No entanto, os sistemas RFID de baixo custo geram riscos de segurança, principalmente devido à insegurança dos canais de comunicação entre as etiquetas e os leitores e à limitação das implementações em termos de custos. São muitos os riscos de segurança que surgem em consequência das razões que se seguem.

- A comunicação entre um tag e um leitor é efectuada através de um canal inseguro.
- As etiquetas são acessíveis por qualquer leitor que implemente o protocolo de interface aérea.
- As etiquetas não são invioláveis e permitem um canal de acesso físico ao seu conteúdo e circuitos (por conseguinte, não se pode esperar que as etiquetas protejam a informação durante longos períodos).
- Os projectos de CI são limitados pelo custo, pelo que são implementações minimalistas.
- Os protocolos da interface aérea são concebidos para reduzir a complexidade das etiquetas.
- Falhas de conceção nas implementações de leitores devido a restrições de custos.

Escutas e digitalização

A comunicação entre uma etiqueta e um leitor necessita de um canal claro que pode ser observado por terceiros. As etiquetas de baixo custo têm uma funcionalidade mínima e só se identificam através da transmissão de identificadores únicos, podendo ser lidas por qualquer leitor que exista no protocolo de interface aérea. O terceiro pode monitorizar a comunicação entre a etiqueta e o leitor para obter informações importantes (como a palavra-passe da etiqueta). Outro tipo de escuta pode ser utilizado por concorrentes de uma organização que pretendam aceder a informações valiosas, como dados de vendas, para averiguar o desempenho dos seus concorrentes.

A figura 8 mostra um modelo simples de canal de comunicação para etiquetas RFID passivas. Nesta secção, é muito importante ter em conta as escutas de terceiros. A figura 9 ilustra estas últimas distinções, que são analisadas e explicadas mais adiante.

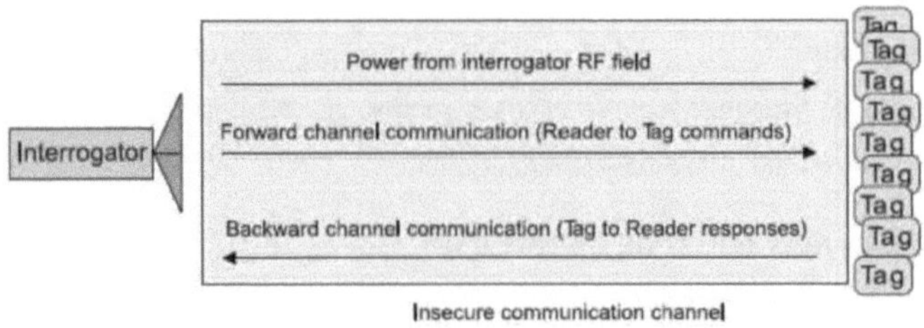

Figura 8: Um modelo de canal de comunicação RFID passivo

Alcance de funcionamento: A gama de funcionamento da etiqueta é um dos critérios mais importantes na avaliação dos sistemas RFID. Uma gama de funcionamento mais longa pode criar mais oportunidades potenciais de aplicação e garantir um desempenho mais fiável. A gama de funcionamento das etiquetas é, portanto, a distância máxima a que uma determinada etiqueta lê com uma determinada fiabilidade, quando iluminada por um leitor que funciona de acordo com os regulamentos de compatibilidade electromagnética dessa região para uma determinada banda de frequência de funcionamento.

Alcance da escuta do canal de retorno: O canal de retorno é uma comunicação enviada de uma etiqueta para um leitor. Os dados transmitidos dependem da aplicação específica, mas o atacante ou terceiros estão normalmente mais interessados no canal de retorno porque este contém dados contidos no token, em vez de instruções genéricas enviadas pelo leitor. O alcance do canal de retorno é muito maior do que o alcance operacional e um terceiro é capaz de receber dados através de uma antena de feixe estreito.

Alcance de interceção do canal direto: Esta comunicação é do integrador para uma etiqueta, e esta é a distância máxima a que um terceiro com uma antena de alto ganho e um recetor RF altamente sensível pode registar uma transmissão de etiqueta.

Alcance de leitura malicioso: Esta gama de leitura é obtida considerando um adversário que não tem em conta a conformidade electromagnética ou as normas e cuja única intenção é alimentar e ler a etiqueta a qualquer custo ou escutar uma conversa entre uma etiqueta e um leitor a qualquer custo. Há geralmente duas formas de escutas possíveis com sistemas RFID de baixo custo: escutas passivas e escutas de varrimento (escutas activas). As secções seguintes abordarão as formas anteriormente mencionadas num contexto RFID.

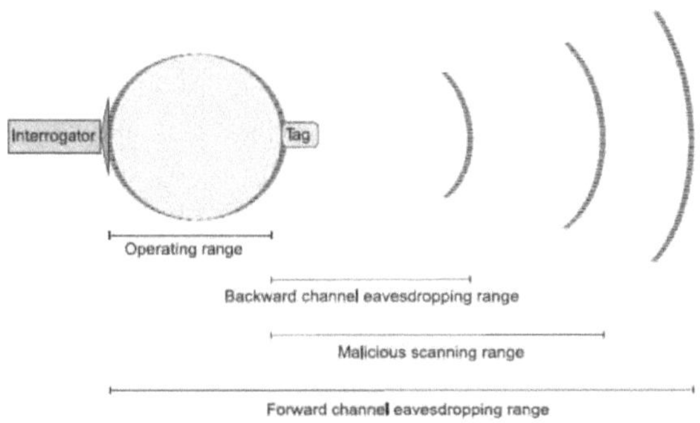

Figure 9: Classificação da gama de escutas

Escutas passivas

Nesta forma, um terceiro tenta observar ou registar a comunicação entre um leitor e uma etiqueta através de um leitor não intencional. Pode atuar na gama de funcionamento, na gama de escuta do canal de retorno ou na gama de escuta do canal de avanço.

Scanning (Escutas activas)

Nesta situação, um terceiro tenta ler o conteúdo de uma etiqueta sem a autorização do proprietário da etiqueta. Num cenário de varrimento relativo a um sistema RFID de baixo custo, um adversário utiliza um leitor desonesto para alimentar a etiqueta e comunicar com ela sem levantar as suspeitas do proprietário da etiqueta. Um espião ativo terá um raio de ação dentro do raio de varrimento malicioso descrito na figura 9.

Clonagem

A clonagem é um dos métodos de roubo que se fazem passar por etiquetas ou leitores que constituem uma séria ameaça para um sistema RFID. Neste método, os atacantes são capazes de escrever dados EPC noutros dispositivos que funcionam como etiquetas RFID. Uma consequência significativa da clonagem é a possibilidade de contrafação, em que um artigo genuíno etiquetado com uma etiqueta RFID pode ser reproduzido como uma contrafação barata e etiquetado com um clone da etiqueta RFID autêntica. Há duas estratégias para garantir a segurança da clonagem: a prevenção e a deteção. Os fabricantes de pastilhas RFID tentam atualmente fabricar etiquetas difíceis de clonar. Esta estratégia é de prevenção e, por vezes, não é adequada para etiquetas de baixo custo. O método de deteção centra-se na descoberta de etiquetas ilegais e é adequado para etiquetas RFID de baixo custo. **Mikko et al.** (2009) demonstraram que, em termos muito gerais, a segurança é o processo de proteção dos bens contra as acções dos adversários e inclui etapas de prevenção, deteção e resposta. Este processo global resultante é ilustrado na Figura 10.

A deteção é uma estratégia para diminuir os efeitos negativos da clonagem e aumentar a probabilidade de o atacante ser apanhado. Nos sistemas RFID, as medidas baseadas na deteção não requerem operações criptográficas das etiquetas, mas utilizam a visibilidade para detetar etiquetas clonadas ou alterações na propriedade das etiquetas.

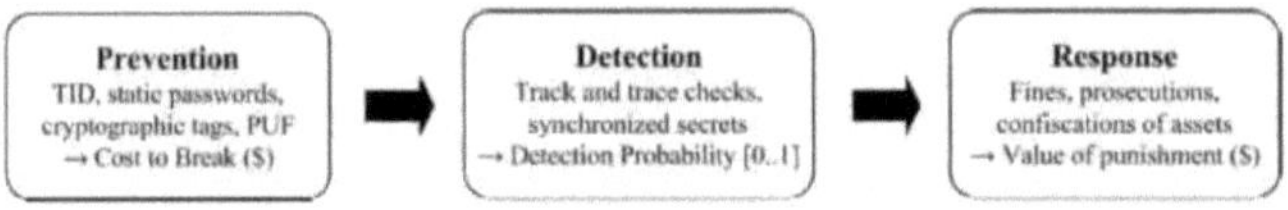

Figure 10: Processo de proteção de um sistema RFID contra a clonagem e a falsificação de identidade de etiquetas

Homem no meio

Os ataques Man-in-the-Middle fazem-se passar por um leitor ou uma etiqueta legítimos para recolher dados e metadados RFID ou manipular ativamente os dados enviados entre a etiqueta e o sistema backend, por exemplo, para realizar ataques de injeção de código, obter acesso ilegal a uma área restrita, etc. O terceiro pode escutar a conversa entre as etiquetas e o leitor ou transmitir mensagens para obter informações dos sistemas RFID ou comandar dispositivos RFID para prejudicar o sistema.

Por exemplo, no protocolo EPC C1G2, um comando "kill" é protegido por uma palavra-passe para desativar uma etiqueta de modo a que não possa ser lida. O terceiro pode gravar a conversa entre um leitor e uma etiqueta que efectua uma operação de eliminação e utilizá-la para eliminar outras etiquetas.

Negação de serviço (DoS)

A negação de serviço (DoS) é um tipo de ataque aos sistemas RFID. Um atacante tenta impedir que a etiqueta alvo receba serviços. Este tipo de ataque é muito fácil de efetuar e difícil de combater. Os ataques DoS podem também ser efectuados através da exploração de deficiências no protocolo da interface aérea ou de deficiências na implementação da máquina de estados finitos de uma etiqueta. Um cenário simples deste tipo de exploração pode envolver etiquetas que são repetidamente solicitadas a efetuar uma operação, tornando-as assim indisponíveis para um leitor autorizado.

Injeção de código

Neste tipo de ataque, o atacante manipula os dados da etiqueta que contém código malicioso ou vírus RFID para alterar o curso de execução de sistemas backend ou bases de dados que processam os dados RFID. O atacante pode alterar os dados das etiquetas e utilizar código de injeção SQL para invadir bases de dados e ler ou editar os seus dados. O sistema RFID seguro que rejeita as injecções de código pode impedir este tipo de ataque. A utilização de servidores SQL novos e actualizados pode ajudar a rejeitar a maioria das injecções SQL.

Pontos fracos da camada de comunicação

O acesso fácil aos dados e comandos das etiquetas é um dos pontos mais fracos do sistema RFID. O EPC global ratificou o novo protocolo de interface aérea C1G2 que contém uma série de caraterísticas de segurança baseadas na utilização de uma palavra-passe para aceder ao controlo e executar comandos nas etiquetas.

O protocolo da interface aérea C1G2 mostrou como a senha de eliminação de uma etiqueta pode ser deduzida através da análise cuidadosa do consumo de energia da etiqueta para uma série de senhas de teste bem construídas. Os circuitos integrados RFID do futuro terão de ser concebidos de modo a evitar esse tipo de ataque, mas tal terá um custo acrescido para uma etiqueta RFID. O protocolo C1G2, recentemente ratificado, também se baseia no facto de a etiqueta gerar um número aleatório para ser utilizado como entrada numa operação de "ou exclusivo". São salientados os riscos associados à geração ineficiente ou inadequada de números aleatórios nas etiquetas RFID.

Ataques físicos

A arquitetura RFID de baixo custo é simples e torna estes tipos de ataques viáveis. Um ataque físico a uma etiqueta RFID ou a um leitor pode dar a um adversário informações secretas, como palavras-passe (em etiquetas C1G2), que conferem segurança a um sistema RFID. A importância dos ataques físicos é mais notória nos casos em que as etiquetas RFID são utilizadas como meio de autenticação. Existem ataques físicos invasivos e ataques não invasivos.

Ataques não invasivos

Os ataques não invasivos são de baixo custo e requerem poucos conhecimentos para serem executados. Estes ataques observam e manipulam os dispositivos sem os danificar fisicamente. Há muitos tipos de ataques não invasivos, como ataques de canais laterais (análise de temporização, potência e emissão), injeção de falhas (glitching, bumping), remanência de dados e força bruta. Os ataques não invasivos são particularmente perigosos, uma vez que não existem provas físicas e o proprietário da etiqueta pode não se aperceber da ocorrência de um tal ataque.

Ataques invasivos

Um adversário pode simplesmente efetuar engenharia inversa de etiquetas para criar etiquetas fraudulentas para ataques de clonagem ou DoS ou utilizar técnicas de sondagem para obter informações armazenadas na memória ou alterar informações armazenadas na memória. Estes ataques requerem equipamento dispendioso, atacantes experientes e tempo. Os atacantes devem ter capacidades ilimitadas para extrair informações dos chips e compreender a sua funcionalidade. Existem muitos tipos de ataques invasivos, como a descapsulação, a imagiologia ótica, a engenharia inversa, a microprobing e a injeção de falhas internas, bem como a modificação de pastilhas.

Ataques semi-invasivos

Os ataques semi-invasivos preenchem a lacuna entre os ataques não invasivos e os invasivos. Estes ataques causam menos danos, são menos dispendiosos e mais fáceis de configurar e repetir do que os ataques invasivos. Os tipos de ataques semi-invasivos consistem em imagiologia (técnicas ópticas e laser), injeção de falhas (ataque UV, injeção de fotões, aquecimento local e mascaramento) e ataques de canais laterais (análise de emissões ópticas, fugas induzidas).

Violações de privacidade

A implantação generalizada de etiquetas RFID pode criar novas ameaças à segurança e à privacidade dos indivíduos e das organizações. O movimento de massas dos libertários civis

No Capítulo II, os ensaios com RFID foram cancelados e a cobertura negativa da imprensa em relação a outros fabricantes provocou atrasos nos ensaios com RFID. É possível imaginar vários cenários de violação da privacidade e a maior parte deles são preocupações já existentes em tecnologias como os cartões de crédito, os cookies dos programas de navegação, os telemóveis e os dispositivos Bluetooth. No entanto, a RFID, devido aos artefactos resultantes das suas limitações em termos de custos, à presença de um identificador único legível por qualquer pessoa e à codificação das informações sobre os produtos num sistema de numeração único como o EPC, cria dois cenários possíveis: a definição de perfis e o seguimento e vigilância, em que a privacidade das pessoas e das empresas pode ser violada.

Abordagem das vulnerabilidades

As vulnerabilidades dos sistemas RFID podem dividir-se em duas grandes categorias de questões relacionadas com a segurança e a privacidade. A superação destas questões, aparentemente divergentes, pode ser conseguida através da prestação de serviços que apliquem medidas para resolver tanto as questões relacionadas com a privacidade como com a segurança.

Table 1: Fonte de falta de fiabilidade

Descrição	
1	Efeitos de metais e líquidos na propagação de ondas electromagnéticas
2	Efeitos da permeabilidade dos materiais nas antenas de etiquetas
3	Interferência e ruído de outros utilizadores da banda de RF
4	Orientação da etiqueta em relação ao campo de propagação do leitor
5	Distância da etiqueta a um leitor
6	Regulamentos de compatibilidade electromagnética
7	Implementação de chips RFID com limitações de custo e de potência

As etiquetas RFID de baixo custo não são fiáveis, por exemplo, uma etiqueta RFID colocada num calçado pode funcionar enquanto está na prateleira da loja, mas deixa de funcionar quando o utilizador a veste, porque o corpo afecta as propriedades da antena da etiqueta RFID. A falta de fiabilidade das etiquetas RFID impediu a concretização de grande parte das violações da privacidade e da segurança. O quadro 1 indica a fonte de falta de fiabilidade das etiquetas RFID.

Abordagem das questões de segurança

Nos sistemas RFID, a segurança é uma das preocupações mais importantes e exige a aplicação de medidas de segurança adequadas. Mas antes de decidir sobre um conjunto de acções de segurança, é necessário identificar os objectivos de segurança. O quadro 2 enumera um conjunto de objectivos de segurança necessários para enfrentar as potenciais ameaças à segurança.

Table 2: Lista de objectivos de segurança

Objectivos de segurança	
1	Confidencialidade

2	Segurança do conteúdo da mensagem
3	Autenticação
4	Controlo de acesso
5	Disponibilidade
6	Integridade

Confidencialidade

Este mecanismo mantém os dados na etiqueta afastados de todos os leitores, exceto daqueles que estão autorizados a visualizá-los. Por vezes, as etiquetas RFID contêm dados sensíveis, como chaves ou informações secretas, que não podem ser recolhidos por espiões. A confidencialidade de qualquer informação secreta armazenada numa etiqueta também está em risco e precisa de ser protegida. A confidencialidade pode ser conseguida através da cifragem da comunicação entre as etiquetas e os leitores e da inviolabilidade da etiqueta para impedir o acesso físico ao seu conteúdo.

Segurança do conteúdo da mensagem

A segurança do conteúdo da mensagem é um método que impede a alteração dos dados contidos na comunicação por dispositivos não autorizados ou desconhecidos. A alteração pode envolver a substituição, a eliminação, a inserção ou a captura de informação e a retransmissão da informação alterada a um leitor ou a uma etiqueta. A segurança do conteúdo da mensagem evitará ataques do tipo "man-in-the- middle" que retransmitem mensagens alteradas.

Autenticação

Autenticação dos dispositivos do sistema RFID (o leitor e a etiqueta) ou, na aplicação da cadeia de abastecimento em que as etiquetas são utilizadas para etiquetar produtos, como autenticação do produto. Nalgumas aplicações em que a etiqueta é parte integrante do objeto etiquetado, a autenticação da etiqueta pode ser suficiente, mas noutra aplicação em que as etiquetas são colocadas como etiqueta externa num artigo de elevado valor, a autenticação da etiqueta pode não ser adequada.

Além disso, a autenticação é uma parte importante das medidas de segurança RFID para proteger a etiqueta de fabrico ou substituição falsificados. É importante para controlar o acesso ao conteúdo das etiquetas. A autenticação de uma etiqueta é útil para resolver as vulnerabilidades resultantes da clonagem.

Além disso, a autenticação da etiqueta não é adequada para garantir a autenticidade do produto a que a etiqueta está ligada, uma vez que pode ter havido substituição da marca ou da mercadoria. A autenticação do produto refere-se ao estabelecimento da autenticidade de um produto através da corroboração da identidade de uma etiqueta e/ou da legitimidade do produto, criando uma ligação irrefutável entre o produto e a etiqueta que pode ser verificada por terceiros.

Controlo de acesso

O controlo de acesso é um mecanismo através do qual uma etiqueta ou um interrogador concede ou revoga o direito de aceder a alguns dados ou de realizar alguma operação. As etiquetas necessitam de mecanismos de controlo de acesso para impedir o acesso não autorizado ao seu conteúdo.

Disponibilidade

A disponibilidade num sistema RFID consiste em garantir que os serviços oferecidos por um leitor a uma etiqueta RFID ou os serviços oferecidos por uma etiqueta a um leitor RFID estejam disponíveis quando previsto. Os sistemas RFID que cumprem os critérios de disponibilidade garantem a existência de serviços para impedir ou prevenir um ataque DoS.

Integridade

Um leitor que recebe dados de uma etiqueta precisa de poder confiar que as informações recebidas estão corretas, enquanto uma etiqueta precisa de poder confiar que as informações que recebe de um leitor aparentemente autêntico são fiáveis. Garantir a integridade de um sistema é uma consideração importante na abordagem dos ataques físicos. Os seguintes requisitos de disponibilidade são relevantes para o sistema RFID:

- Todos os componentes do sistema estão operacionais 24 horas por dia, 7 dias por semana.
- A presença de várias etiquetas não deve causar uma falha no sistema.
- A presença de vários leitores não deve provocar uma paragem do sistema.

- Os dados acedidos a partir do sistema empresarial back end devem estar disponíveis para várias pessoas autorizadas em qualquer altura.

Abordagem da violação da privacidade

A privacidade pode ser definida de forma mais simples como os interesses que uma pessoa tem em manter um espaço pessoal livre de interferências de outras pessoas e organizações. As ideias captadas pelos interesses que uma pessoa tem num contexto RFID podem ser aprofundadas conforme indicado no quadro 3.

Não é possível descrever o número de violações da privacidade que a tecnologia RFID pode potencialmente causar. É importante notar que a privacidade é uma questão multidimensional que envolve muitos domínios. A implementação bem sucedida dos objectivos em matéria de privacidade descritos no quadro 3 não exigirá apenas mecanismos de segurança, mas também a formulação de políticas públicas, legislação e aplicação da lei pelos organismos responsáveis pela aplicação da lei.

Quadro 3: Uma definição de privacidade

Privacidade Interesses	**Descrição**
Privacidade do comportamento pessoal	Como o nome sugere, a privacidade do comportamento engloba todos os aspectos do comportamento de uma pessoa. Na realidade, esta é reduzida a áreas sensíveis para cada pessoa, como as actividades políticas, a orientação sexual ou a conduta religiosa.
Privacidade dos dados pessoais	A privacidade dos dados pessoais é o termo mais comummente utilizado, privacidade dos dados. Essencialmente, os dados associados a uma pessoa não devem ser acessíveis a terceiros sem o consentimento dessa pessoa. Isto aplica-se aos casos em que os dados são recolhidos ou tratados por terceiros.

Criptografia

A criptografia é a conversão de dados num código secreto para transmissão através de uma rede pública. A maior parte da criptografia é digital, e o texto original ("texto simples") é transformado num equivalente codificado chamado "texto cifrado" através de um algoritmo de encriptação. O texto cifrado é decifrado no ponto de receção e transformado novamente em texto simples.

As questões de segurança e privacidade relativas à RFID podem ser resolvidas utilizando um conjunto de mecanismos de segurança deriváveis de vários primitivos criptográficos. Um mecanismo de segurança é um termo coletivo utilizado para designar uma combinação de primitivos criptográficos e protocolos utilizados para garantir a segurança.

Muitos sistemas criptográficos foram quebrados porque os novos sistemas têm recursos mais poderosos, algoritmos mais rápidos e melhores para encontrar textos simples.

Existem várias formas de ataques a primitivos criptográficos. Algumas delas são descritas em blew.

- Ataques apenas de texto cifrado
- Ataques de texto simples conhecidos

- Ataques de texto simples selecionado
- Ataques adaptativos de texto escolhido
- Ataques de texto cifrado escolhido adaptáveis

Tal como os ataques a primitivos criptográficos, existem várias formas de ataque aos protocolos utilizados e uma vasta gama de ataques a novos protocolos. Segue-se um resumo de uma lista predominante de possíveis ataques.

- Ataques de repetição
- Ataques de dicionário
- Ataques de chaves conhecidos
- Ataques de falsificação de identidade

Quadro 4: Definição dos níveis de segurança

Nível de segurança	Descrição
Segurança incondicional	Um sistema criptográfico é descrito como sendo incondicionalmente seguro se a segurança do sistema não puder ser quebrada se forem dados recursos incondicionais a um adversário. Um exemplo de um sistema de cifragem incondicionalmente seguro é o "one-time pad".
Segurança informática	A segurança computacional é dada como uma medida da quantidade de trabalho computacional necessário, utilizando os melhores métodos disponíveis, para anular a segurança de um sistema. Um sistema é considerado computacionalmente seguro se a quantidade de recursos informáticos ou de tempo necessários para quebrar o sistema for muito superior à disponível para um adversário considerado na análise do sistema. A segurança computacional é também designada por segurança prática.
Segurança Ad-hoc	Os sistemas são classificados como tendo segurança had-hoc quando se postula, utilizando qualquer número de argumentos aparentemente convincentes, que todos os ataques possíveis ao sistema exigem um nível de recursos (computacionais e de tempo) que está para além do nível de recursos disponíveis para um adversário hipotético.
Segurança Provável	Um sistema é descrito como tendo segurança comprovável se for possível demonstrar que a violação da segurança do sistema envolve a avaliação da solução de um problema pertencente a uma classe de problemas (como os problemas NP-difíceis) que não podem ser calculados em tempo polinomial, como o problema da factorização de números inteiros ou o problema do logaritmo discreto. É de notar que a prova aqui é que o problema dado é pelo menos tão difícil como um problema existente, e não

uma prova absoluta de segurança.

Modelo concetual do estudo

A RFID é uma das tecnologias mais adoptadas em todos os ramos da indústria e do mundo académico. Nas bibliotecas modernas, existem milhões de livros avançados; CDs, DVDs e outros materiais de leitura electrónicos. Gerir esta enorme coleção é um desafio para os liberianos.

A gestão de bibliotecas RFID, utilizando a biblioteca de etiquetas RFID, é fácil e cómoda. Um sistema de gestão de bibliotecas RFID é composto por livros, cada um com uma etiqueta RFID, um leitor RFID, uma rede informática e um software. Os funcionários da biblioteca tratam do empréstimo, devolução, classificação, etiquetagem, etc. dos livros, utilizando etiquetas RFID neste sistema de biblioteca. Uma pessoa pode localizar os livros da biblioteca RFID marcados com uma etiqueta RFID, utilizando o leitor RFID que identifica e localiza o livro. Quando o livro é levado para o balcão, o pessoal da biblioteca pode ativar ou desativar o bit de vigilância eletrónica de artigos na etiqueta do livro. Se um livro for emprestado, o bit de vigilância é desativado.

A utilização da RFID nas bibliotecas permite poupar tempo ao pessoal da biblioteca, automatizando as suas tarefas. Um estabelecimento que utilize a gestão de bibliotecas com RFID poupa a um leitor de livros o tempo precioso que teria gasto à espera da sua vez numa fila para requisitar ou devolver um livro. Cuidar dos livros e colocá-los à disposição dos leitores são tarefas importantes. A maior parte do tempo do pessoal da biblioteca é gasto no registo de informações sobre os livros que entram e saem.

O empréstimo e a devolução de livros podem ser totalmente automatizados com a ajuda de sistemas de auto-check in/out. Este sistema implica a instalação de um software especial. Ao utilizar este sistema para requisitar livros são apresentadas opções num ecrã de computador. A pessoa tem de se identificar com um código, que é de preferência um número de identificação pessoal ou qualquer outra forma de código de identificação único. Os livros selecionados pela pessoa são identificados pelo leitor RFID incorporado no sistema. Além disso, o bit de vigilância na etiqueta do livro é desativado pelo sistema. Quando um livro é devolvido, o sistema de check-in/out ativa o bit de vigilância.

Gotas de livros: Os Pontos de Entrega de Livros podem estar localizados em qualquer sítio, dentro ou fora da biblioteca. As possíveis localizações remotas fora da biblioteca incluem estações de MRT/comboio, centros comerciais, escolas, etc. Isto oferece uma flexibilidade e conveniência sem precedentes para a devolução de itens da biblioteca a qualquer hora do dia, mesmo quando a biblioteca está fechada.

Transponder ou etiquetagem RFID: É o elo mais importante em qualquer sistema RFID. Tem a capacidade de armazenar informações relacionadas com o artigo específico ao qual estão ligadas, reescrevendo-as novamente sem qualquer necessidade de contacto ou linha de visão. Os dados contidos numa etiqueta podem fornecer a identificação de um artigo, prova de propriedade, local de armazenamento original, estado e historial do empréstimo. As etiquetas RFID foram especificamente concebidas para serem afixadas em suportes de biblioteca, incluindo livros, CDs, DVDs e cassetes.

A estação de balcão é uma estação assistida pelo pessoal em serviços como o empréstimo, a devolução, a etiquetagem, a triagem, etc. Está equipada com um módulo de armar/desarmar, um módulo de etiquetagem e um módulo de triagem. O módulo de armar/desarmar permite que o bit EAS (Electronic Article Surveillance - Vigilância Eletrónica de Artigos) no interior da etiqueta do material da biblioteca seja definido/redefinido de modo a acionar/não acionar o alarme do portão EAS.

A estação de auto-pagamento do utilizador: É basicamente um computador com um ecrã tátil e um leitor RFID incorporado, além de software especial para identificação pessoal, manuseamento de livros e outros suportes e circulação. Depois de identificar o utilizador com um cartão de identificação da biblioteca, um cartão de código de barras ou o seu número de identificação pessoal (PIN), é-lhe pedido que escolha a ação seguinte (levantamento de um ou vários livros). Depois de escolher o check-out , o utilizador coloca o(s) livro(s) em frente ao ecrã do leitor RFID e o ecrã mostra o título do livro e o seu número de identificação (podem ser mostradas outras informações opcionais, se desejado) que foram retirados.

Gestão de prateleiras: Esta solução facilita aos bibliotecários a localização e identificação dos artigos nas prateleiras. É composta basicamente por um scanner portátil e uma estação de base.

A solução foi concebida para cobrir três requisitos principais:

- Pesquisa de livros individuais solicitados
- Controlo do inventário de todo o material da biblioteca
- Procurar livros que estão mal arrumados

Deteção antirroubo: O RFID EAS Gates é a parte antirroubo do sistema de gestão RFID da biblioteca, utilizando as mesmas etiquetas RFID incorporadas nos artigos da biblioteca. Cada faixa é capaz de localizar objectos de cerca de 1 metro e accionaria o sistema de alarme quando um objeto não emprestado passasse por elas. O alarme soa e as luzes do portão piscam quando o utilizador passa com o material da biblioteca que não foi emprestado. **Pontos importantes baseados no sistema de gestão de bibliotecas RFID**

1. As etiquetas RFID substituem as tiras de segurança EM e o código de barras.
2. Simplificar o auto-check-out/check-in dos utentes.
3. Capacidade de manipular material sem exceção para fitas de vídeo e áudio.
4. A deteção antirroubo por radiofrequência é inovadora e segura.
5. Inventário de alta velocidade e identificação de artigos fora de ordem.
6. Garantia de desenvolvimento a longo prazo quando se utiliza a norma aberta.

Benefícios da utilização da RFID na biblioteca

- A RFID melhora o fluxo de trabalho da biblioteca ao reduzir os processos de trabalho sem valor acrescentado
- Melhora a produtividade do pessoal
- Melhora o serviço ao cliente
- Assistir ao controlo do inventário com facilidade.
- Identificação fácil dos livros para o processo de arrumação
- Apoiar a rastreabilidade da atribuição de livros
- Melhorar os processos de devolução de livros através da automatização total do check-in, da ativação do EAS e das actualizações do sistema realizadas simultaneamente na rampa de devolução automática
- Permitir uma melhor precisão na gestão da coleção de livros, resultando numa redução da compra de livros
- É possível efetuar o levantamento ou o registo de mais do que um artigo ao mesmo tempo.
- Os itens podem ser colocados no leitor sem a colocação cuidadosa que é necessária para a linha
- sistema de visão (leitor de código de barras)
- Processo de inventário mais rápido.
- Capacidade de localizar objectos específicos.

A gestão de uma biblioteca com um grande número de livros é muito difícil. O primeiro passo para gerir a biblioteca é fornecer etiquetas RFID suficientes para cada livro ou outro suporte. As etiquetas RFID de baixo custo são aplicáveis a este projeto porque é necessário ter muitas etiquetas, mas o custo das etiquetas é muito importante. Cada etiqueta tem de ser registada no sistema RFID antes de ser fixada aos livros. Para esta secção, é necessário um leitor/gravador RFID para executar este passo.

Para o serviço de check in/out na biblioteca, o número de clientes é muito importante. Com esta informação, determina-se o número de pontos de check in/out necessários. Na maioria das bibliotecas, são especificados dois locais para o serviço de check in/out. Um deles é a estação de auto check in/out, onde os estudantes podem requisitar ou devolver livros por si próprios, e outra estação gerida pelos bibliotecários. Para o check in/out, os estudantes ou os bibliotecários têm de inserir o cartão de estudante no sistema e expor todos os artigos junto do leitor RFID para identificar e registar todos os livros e suportes depois. Quando os artigos são registados para um estudante, alguns dados da etiqueta têm de ser alterados porque a biblioteca utiliza a deteção antirroubo no ponto de saída da biblioteca. Quando um item é emprestado da biblioteca, o leitor na porta de saída verifica a informação na etiqueta e detecta itens não autorizados e alarma os bibliotecários.

A solução de gestão de estantes torna a localização e identificação de artigos nas estantes uma tarefa fácil para os bibliotecários. É composta basicamente por um scanner portátil e uma estação de base.

A solução foi concebida para cobrir três requisitos principais:

- Pesquisa de livros individuais solicitados
- Controlo do inventário de todo o material da biblioteca
- Procurar livros que estão mal arrumados

Todas estas funções são executadas passando o scanner portátil pelas lombadas dos livros nas prateleiras para recolher as suas identidades. Numa situação de verificação de inventário, as identidades recolhidas são comparadas com a base de dados e pode ser gerado um relatório de discrepância.

Em situações em que a função de pesquisa é necessária, seja para um item específico ou para uma categoria de item, a informação é primeiro introduzida no scanner portátil a partir da estação de base e, quando um item estranho é encontrado nas prateleiras, é emitido um sinal sonoro incorporado para alertar os bibliotecários.

Para implementar este estudo na biblioteca, não é necessário um novo sistema de software e a biblioteca pode juntar o sistema RFID ao sistema atual da biblioteca porque os dados devem ser armazenados na base de dados e o sistema RFID apenas identifica e altera algumas informações na etiqueta e envia os dados para o sistema da biblioteca para registo.

Revisão dos sistemas existentes

Numa etiqueta RFID de baixo custo, existem muitas limitações para o processamento de algoritmos de criptografia. A criptografia leve é um ramo da criptografia que se centra no desenvolvimento de mecanismos rápidos e eficientes para ambientes com recursos limitados. Por conseguinte, este ramo da criptografia tem sido a via mais prometedora para gerar soluções criptográficas seguras para sistemas RFID de baixo custo. Vários modelos criptográficos leves que são relevantes para a RFID são resumidos a seguir.

O hash-lock é uma das primeiras criptografias de privacidade que propõe uma forma de bloquear a etiqueta sem armazenar a chave de acesso. Em vez de manter o hash da chave na etiqueta e armazenar a chave no sistema back-end, a etiqueta envia um meta-ID para o sistema back-end, que encontra a chave através deste meta-ID e compara o hash da chave que a etiqueta enviou com o hash da chave que está armazenado no sistema e depois de autenticar a etiqueta. Este método foi proposto por **Weis et al.** (2003). **Henrici et al.** (2004) alargaram a versão aleatória do esquema hash-lock original para aumentar a privacidade e a escalabilidade. Neste método, o hash da chave muda de cada vez que a etiqueta é lida.

Avoine et al. (2005) propuseram outro protocolo RFID baseado em hash que fornece identificadores modificados para melhorar a privacidade e que pode ser aplicado para autenticação. No protocolo proposto, os autores resolvem os problemas de escalabilidade do esquema de reforço da privacidade introduzindo um compromisso específico entre tempo e memória.

A Texas Instruments propôs uma assinatura digital para autenticar o produto escrito nas etiquetas. Utilizando o TID e uma chave pública, o transponder pode ser ligado ao signatário dos dados de uma forma comprovável. Para melhorar a rastreabilidade dos produtos, a memória das etiquetas é também utilizada para armazenar eventos da cadeia de custódia.

Juels et al. (2003) apresentaram uma abordagem que utiliza a reencriptação para evitar identificadores estáticos e dados ópticos na nota para ligar a etiqueta RFID ao papel. A autenticação é efectuada através da verificação de que os dados na etiqueta são assinados utilizando uma chave pública válida. A fim de aumentar a resistência à clonagem, os autores sugerem a inclusão de algumas caraterísticas distintivas do suporte físico na assinatura e a verificação da validade dessas caraterísticas como parte do processo de autenticação. **Zhang et al.** (2055) melhoraram posteriormente o protocolo, abordando algumas questões de integridade.

O protocolo Yet Another Trivial RFID Authentication Protocol (YA-TRAP) define carimbos temporais na etiqueta e aumenta-os monotonicamente para uma autenticação de etiqueta resistente à localização. O protocolo proposto por **Tsudik** (2006) requer um gerador de números pseudo-aleatórios (PRNG) da etiqueta, mas é vulnerável a ataques DoS através da dessincronização de carimbos temporais entre a etiqueta e o servidor. **Chatmon et al.** (2006) propuseram protocolos de autenticação RFID anónimos baseados no YA-TRAP que proporcionam anonimato aos transponders autenticados e resolvem algumas vulnerabilidades da conceção original, aumentando simultaneamente a carga de trabalho do servidor.

Juels (2004) propôs que o esquema de limitação de pseudónimos resistente ao rastreio é uma autenticação minimalista baseada na criptografia. Este protocolo utiliza uma lista de pseudónimos e chaves que são armazenados na etiqueta e no servidor back-end para autenticação mútua. O protocolo necessita de memória adicional na etiqueta e utiliza uma forma de atualizar a lista de pseudónimos da etiqueta utilizando pads de utilização única para resistir à clonagem e à escuta.

Outro protocolo de autenticação de baixo custo proposto por **Juels** (2005) tem as "kill passwords" de 32 bits protegidas contra leitura, utilizadas para implementar o protocolo de autenticação ad-hoc de etiquetas. As etiquetas clonadas podem ser encontradas testando, sem matar a etiqueta, se a senha de eliminação corresponde à senha original armazenada numa base de dados.

O conjunto de protocolos de desafio-resposta inclui simplesmente a encriptação XOR com chaves secretas. O problema criptográfico de as chaves serem estáticas na encriptação XOR é resolvido por esquemas de re-encriptação que utilizam chaves de várias execuções anteriores do protocolo. (**Vajda et al.** 2003).

Uma abordagem para a autenticação de baixo custo baseada no trabalho de Hopper e Blum (HB) (2001) foi apresentada por **Juels et al.** (2005). O protocolo HB+ proposto utiliza o pressuposto de dureza do problema estatístico "Learning Parity with Noise" (LPN) e pode ser implementado em etiquetas de baixo custo, uma vez que apenas requer operações AND e XOR bit a bit e um "bit de ruído" aleatório. A segurança do HB+ contra adversários activos ganhou publicidade na comunidade científica e é discutida em pormenor em.

Outro protocolo proposto por **Dimitriou** (2006) aborda questões de privacidade e tem como objetivo a identificação eficiente de várias etiquetas. Nesta abordagem, as etiquetas necessitam de um PRNG e de uma função pseudo-aleatória (PRF) para a encriptação de chave simétrica. Noutro trabalho, o autor propôs um protocolo RFID leve contra ataques de rastreabilidade e clonagem. Esta abordagem baseia-se na atualização de um segredo partilhado entre a etiqueta e a base de dados back-end e requer cálculos de hash e PRNG da etiqueta.

De acordo com **Duc** (2006), existe um protocolo de comunicação em dispositivos RFID que suporta a autenticação tag-to-reader com base na sincronização entre a tag e o servidor back-end. Esta abordagem requer apenas um PRNG na etiqueta e chaves pré-partilhadas. Também tira partido da função CRC que deve ser suportada pelas etiquetas.

Ranasinghe et al. (2004) apresentaram formas de implementar o protocolo de autenticação desafio-resposta em etiquetas RFID sem utilizar primitivas criptográficas dispendiosas. Estas propostas baseiam-se numa função física não clonável (PUF) residente na etiqueta, que permite o cálculo de respostas únicas utilizando apenas algumas centenas de portas lógicas.

A autenticação de dispositivos com conhecimento zero é uma resposta aos problemas de privacidade dos consumidores proposta por **Engberg et al.** (2004). Nesta abordagem, a etiqueta tem de autenticar o leitor e, antes disso, nunca envia o identificador. O esquema baseia-se em segredos partilhados e requer a função hash da etiqueta. Também **Rhee et al.** (2005) propuseram um protocolo de desafio-resposta para a privacidade do utilizador. O protocolo proposto não actualiza a identificação da etiqueta, pelo que pode ser aplicado num ambiente com bases de dados distribuídas. O protocolo baseia-se em cálculos de hash pela base de dados back-end, de modo que o ID da etiqueta é o único segredo partilhado necessário entre os dispositivos que participam na autenticação. **Molnar et al.(2005)** apresentaram outro esquema de reforço da privacidade em que um protocolo de pseudónimo RFID se encarrega de emitir sempre um pseudónimo diferente utilizando PRF. Para relacionar os pseudónimos e os IDs reais das etiquetas, os autores apresentaram uma entidade denominada Trusted Center (TC), que é capaz de descodificar as respostas das etiquetas e obter a sua identidade. No mesmo trabalho, os autores introduziram o termo transferência de propriedade, que se refere ao facto de o TC dar permissões de leitura de uma etiqueta RFID apenas a leitores de uma determinada entidade.

Em **Gao et al.** (2004) propuseram que as etiquetas armazenassem uma lista de leitores autorizados para proteção contra a fraude e, por conseguinte, necessitassem de uma memória regravável. Esta proposta pode ser implementada em sistemas RFID com leitores limitados, como os sistemas da cadeia de abastecimento. Neste protocolo, as etiquetas devem suportar PRNG e função hash. **Yang et al.** (2005) propuseram um protocolo de autenticação mútua que oferece proteção contra ataques de repetição e ataques MITM, mesmo quando o leitor não é de confiança e o canal de comunicação é inseguro.

Este protocolo de autenticação mútua proporciona proteção da privacidade e resistência à clonagem com a despesa de cálculos de hash da etiqueta e armazenamento de dois segredos na etiqueta e no servidor back-end.

Quadro 5: Comparação dos requisitos técnicos das diferentes abordagens de autenticação de produtos (as linhas tracejadas separam as categorias)

Approach	Tag Memory Requirements		Tag Functional Requirements				Network Requirements				Reader Requirements	
	NVM	RW	Bitwise Operation	PRNG	Hash function	Symmetric key encryption	Public	Semi public	Secret	Complex database	Complex reader	Physical verification
Unique Serial Numbering								✓				
Track and Trace								✓		✓		
Juels [15]									✓			
Ranasinghe [21]									✓			
Juels et al.[10]	✓	✓					✓				✓	✓[2]
Zhang et al.[11]	✓	✓					✓				✓	
Juels[14]	✓	✓	✓						✓	✓		
Vajda et al.[16]	✓	✓	✓						✓		✓	
Juels et al.[17]	✓		✓	✓[3]					✓		✓	
Tsudik[12]	✓	✓	✓	✓					✓	✓		
Chatmon et al[13]	✓	✓	✓	✓					✓	✓		
Duc[20]	✓	✓	✓	✓					✓	✓		
Engberg et al.[22]	✓		✓		✓				✓		✓	
Gao et al.[24]	✓	✓	✓	✓	✓				✓	✓	✓	
Rhee et al.[23]			✓	✓	✓				✓	✓		
Dimitriou[19]	✓	✓	✓		✓				✓	✓		
Yang et al.[25]	✓	✓	✓		✓				✓	✓	✓	
Dimitiou[18]	✓		✓	✓		✓			✓	✓		
Feldhofer [27],[28]	✓		✓			✓			✓	✓	✓	
Dominikus et al.[26]	✓		✓	✓[4]		✓			✓	✓	✓	

[1]facultativo,[2] só é necessário um bit aleatório,[3] não é necessário para todas as abordagens propostas

Protocolo de autenticação RFID simétrico que utiliza a cifragem e a decifragem AES nas etiquetas, analisado por **Dominikus et al.** (2005).

Feldhofer (2003) indicou uma implementação de um protocolo padrão simétrico bidirecional de desafio-resposta. A utilização de protocolos de autenticação normalizados com protocolos de comunicação normalizados é importante para garantir a segurança e a interoperabilidade de uma abordagem. **Feldhofer et al.** (2004) apresentaram uma nova abordagem minimalista de uma implementação da norma de encriptação avançada (AES) de 128 bits. A abordagem constitui uma escolha promissora para uma autenticação forte em sistemas RFID e a implementação de hardware AES de baixo custo proposta é utilizada em várias outras propostas como facilitador de uma criptografia RFID económica.

Definição operacional dos termos

Conceito EPC: O conceito envolve a identificação de objectos através de um número formatado de forma única mantido em cada etiqueta como um campo de dados, com dados associados, armazenados numa base de dados do sistema backend. O identificador único de objeto deve ter um âmbito global capaz de identificar todos os objectos de forma única e funcionar como um ponteiro para a informação armazenada sobre o objeto algures na rede.

Funções de hash: Uma função de hash é uma função computacionalmente eficiente que mapeia cadeias binárias de comprimento arbitrário para cadeias binárias de algum comprimento fixo, chamadas valores de hash.

Geradores de números aleatórios: Um gerador de números aleatórios (RNG) é um dispositivo computacional ou físico concebido para gerar uma sequência de números ou símbolos que não têm qualquer padrão, ou seja, que parecem aleatórios. Existem vários métodos computacionais para a geração de números aleatórios. No entanto, existem métodos computacionais de geração de números aleatórios cuidadosamente concebidos e seguros do ponto de vista criptográfico, tais como os baseados no algoritmo Yarrow e no Fortuna (PRNG), entre outros.

Função pseudo-aleatória: Em criptografia, uma família de funções pseudo-aleatórias, abreviada PRF, é uma coleção de funções eficientemente computáveis que emulam um oráculo aleatório da seguinte forma: nenhum algoritmo eficiente pode distinguir entre uma função escolhida aleatoriamente da família PRF e um oráculo aleatório. As funções pseudo-aleatórias são ferramentas vitais na construção de primitivas criptográficas, especialmente esquemas de cifragem seguros.

Chave secreta: A criptografia de chave secreta designa os sistemas de segurança das tecnologias da informação que se baseiam em chaves partilhadas secretamente entre partes de confiança. Na literatura também se pode encontrar a palavra criptografia de chave simétrica para designar os mesmos sistemas.

Alcance da escuta do canal de retorno: O canal de retorno refere-se às comunicações enviadas de uma etiqueta para um leitor. Num sistema de baixo custo em que as etiquetas são passivas, esta resposta é mais fraca em termos de intensidade de sinal do que uma transmissão do leitor, uma vez que é conseguida através da reflexão de alguma da energia RF incidente na antena da etiqueta.

Alcance de interceção do canal de avanço: O canal de avanço refere-se às transmissões de um leitor para uma etiqueta, e o alcance de interceção do canal de avanço é a distância máxima a que um terceiro com uma antena de elevado ganho e um recetor de RF altamente sensível pode registar corretamente uma transmissão de etiqueta.

Alcance de leitura malicioso: Este alcance de leitura é obtido considerando um adversário que não tem em conta a conformidade electromagnética ou as normas e cuja única intenção é alimentar e ler a etiqueta a qualquer custo ou escutar uma conversa entre uma etiqueta e um leitor a qualquer custo. Combinado com a perspetiva de um recetor de RF altamente sensível, uma antena de feixe estreito e a vontade de violar as regulamentações electromagnéticas, o alcance da leitura maliciosa terá distâncias de leitura superiores às possíveis para a escuta do canal de retorno.

Ofuscação: A ofuscação é a produção de informação enganadora, ambígua e plausível, mas confusa, como um ato de ocultação ou evasão. É um termo utilizado para captar os principais pontos comuns em sistemas que vão desde a palha, que enche o radar de potenciais alvos, à circulação de cartões de fidelidade dos supermercados que confundem o registo das compras, aos sistemas de partilha de ficheiros ponto a ponto, como o BitTorrent, que protegem os seus utilizadores de acções judiciais produzindo registos de muitos endereços IP, dos quais apenas alguns podem estar envolvidos na partilha de ficheiros.

CAPÍTULO III

CONCEPÇÃO E METODOLOGIA DA INVESTIGAÇÃO

Conceção do projeto

A privacidade e a segurança são duas partes importantes de um sistema RFID. Nos sistemas RFID, os dados armazenados nas etiquetas e transmitidos pelo ar têm de ser protegidos. Por vezes, os sistemas RFID necessitam de encriptar os dados nas etiquetas para os proteger, mas existem muitos métodos de pirataria informática para os sistemas RFID, pelo que a encriptação dos dados nas etiquetas nunca os cobre. A etiqueta RFID não é apenas um dispositivo para armazenar o preço das mercadorias; é um chip eletrónico muito pequeno que pode ter memória ou portas simples para implementar algumas funções de criptografia ou outras funções. Todos os protocolos existentes até à data não conseguem proteger a privacidade da RFID nem tornar estes sistemas completamente seguros, devido às muitas limitações da RFID, como etiquetas, leitores e sistemas de backend.

O EPC global é uma organização que cria uma norma mundial para a RFID e a utilização da Internet para partilhar dados através da rede EPCglobal. Estas normas definem a segurança dos sistemas RFID, mas devem ser compatíveis com todos os sistemas. Alguns sistemas são utilizados apenas para especificar a localização, como os sistemas de localização e seguimento, e o protocolo para estes sistemas pode armazenar a identificação dos leitores no local para evitar leitores não autorizados. Outro sistema pode ser utilizado em público e a segurança destes sistemas é diferente.

Objetivo do estudo

Este estudo centra-se na melhoria da privacidade e da segurança nos sistemas RFID. Identificar a identificação da etiqueta através de uma árvore de segredos e utilizar a árvore de delegação para enviar uma sub-árvore aos leitores, offline ou com baixa largura de banda, para limitar o acesso às etiquetas sem pedir aos centros de confiança. A outra parte do estudo diz respeito à transferência de propriedade para alterar o acesso à etiqueta quando o proprietário da etiqueta muda. Por exemplo, se uma etiqueta for vendida a um retalhista, a fábrica não pode aceder à etiqueta e só o retalhista pode ler os dados sensíveis da etiqueta. A autenticação mútua entre tags e leitores e leitores e centros de confiança é outra parte do estudo para criar um canal seguro para a transferência de dados através do sistema RFID.

As normas EPC definem um comando kill para desativar a etiqueta após o passo final. Se vendeu um produto a um cliente e a etiqueta estava activada, alguns leitores podem seguir e localizar o produto e a privacidade do cliente está em risco.

Centro de confiança

O Centro de Confiança é um sistema backend que efectua alguns cálculos no sistema RFID, dependendo do método utilizado no sistema RFID, o Centro de Confiança tem tarefas diferentes. Alguns métodos tentam transferir cálculos complexos para o Trusted Center e outros tentam equilibrar o desempenho entre tags, leitores e Trusted Center. A central de confiança deve criar um canal seguro entre os leitores e ela própria. Se a rede entre os leitores e os centros de confiança for fraca, os atacantes podem penetrar nos sistemas RFID.

Identificação de etiquetas

A primeira preocupação em matéria de privacidade nos sistemas RFID é a transmissão de dados através da interface aérea. A direção de transmissão de dados dos tags para os leitores é designada por canal de retorno. O alcance deste canal é curto e depende dos tags. Para escutar o canal de retorno é necessário que haja leitores não autorizados neste intervalo. Uma abordagem simples pode encurtar este alcance mas não é útil para todas as utilizações. Cada etiqueta deve ser verificada através dos leitores, mas se for utilizada uma identificação especial para um grupo de produtos, como os códigos de barras, este método será prejudicial para a segurança. Se uma etiqueta invadir o sistema, perde-se a segurança de todos os produtos do grupo. A primeira abordagem consiste em selecionar uma identificação única para cada etiqueta, a fim de reduzir os riscos de segurança.

Na comunicação entre os tags e o id do tag do leitor, o primeiro pedido é enviado através de um canal não seguro. Quando o tag envia o seu id para os leitores, todos os leitores não autorizados podem receber o id e utilizá-lo para pirataria informática. Alguns protocolos utilizam um ID temporário em vez do ID real do tag, mas este método não é adequado para a escuta.

Estrutura do sistema

Pseudónimos - O principal objetivo do protocolo é a leitura de etiquetas RFID e a autenticação através de leitores autorizados. Os PRFs podem ser utilizados para modelar os blockciphers, e estes algoritmos permitem assim a análise de segurança de protocolos baseados em blockciphers. Mas os PRF e os PRP também são úteis como ponto de partida concetual em contextos em que os cifradores de blocos não se adequam bem devido ao seu comprimento de bloco fixo. Nesta abordagem, a etiqueta RFID responde com um pseudónimo único que muda de cada vez que é consultado. A função pseudo-aleatória pode gerar uma chave de 128 bits com dois parâmetros de entrada. O primeiro parâmetro é a semente do algoritmo que utiliza chaves secretas e o segundo parâmetro para encontrar o próximo número necessário. Para o segundo parâmetro, a etiqueta gera um número aleatório e utiliza-o com a chave secreta para gerar um novo pseudónimo. Por exemplo, se a chave secreta for K e o número aleatório for r, a função pseudo-aleatória (PRF) gera um pseudónimo P (P= PRF (K, r)). Se K e r forem estáticos, o P é sempre o mesmo, mas no protocolo proposto K é estático, mas r é variável; logo, o P também é variável.

Árvore de segredos - A árvore de segredos é uma estrutura em árvore em que cada nó contém uma chave secreta. Para simplificar, a investigação aborda uma árvore binária, mas podem ser utilizadas árvores com um fator de ramificação mais elevado. Nesta árvore, a raiz contém dois filhos. O filho esquerdo representa 0 e o filho direito representa 1 na árvore binária. A Figura 11 indica uma árvore binária em que cada S tem uma chave secreta aleatória de 128 bits. Cada etiqueta desta árvore está associada a uma folha da árvore e cada etiqueta conhece os segredos desde a raiz até à sua folha. Por exemplo, a etiqueta Id-3 conhece todos os segredos armazenados em s0, s01 e s010.

Antes de utilizar uma etiqueta no sistema, esta tem de ser registada no sistema. Quando uma etiqueta é registada no sistema RFID, todas as chaves secretas, da raiz à folha, relevantes para essa etiqueta são armazenadas na etiqueta. Neste procedimento, primeiro o sistema encontra uma folha que nunca foi atribuída a nenhuma etiqueta e armazena todas as chaves secretas na etiqueta específica e atribui a folha à etiqueta. Se a árvore de segredos for uma árvore com profundidade *d,* cada etiqueta precisa de armazenar apenas d chaves secretas na sua memória.

Figura 11: Um exemplo de árvore de segredos para oito etiquetas no sistema RFID

A etiqueta deve ter duas funcionalidades. Em primeiro lugar, a etiqueta deve gerar um número aleatório. Nas normas EPC, esta funcionalidade é obrigatória. A capacidade da etiqueta ajuda-nos a gerar um número aleatório e a utilizá-lo para criar pseudónimos. A segunda funcionalidade é a função pseudo-aleatória. Esta função tem dois parâmetros de entrada e produz um número. Para gerar um pseudónimo, a etiqueta deve gerar um número aleatório de 128 bits. Depois, o número tem de ser aprovado. Esta é a primeira chave secreta da função pseudo-aleatória para gerar um novo pseudónimo. Por fim, no terceiro passo, as etiquetas enviam o número aleatório gerado e todos os pseudónimos criados.

A Figura 12 indica três passos da geração de pseudónimos que a etiqueta deve efetuar.

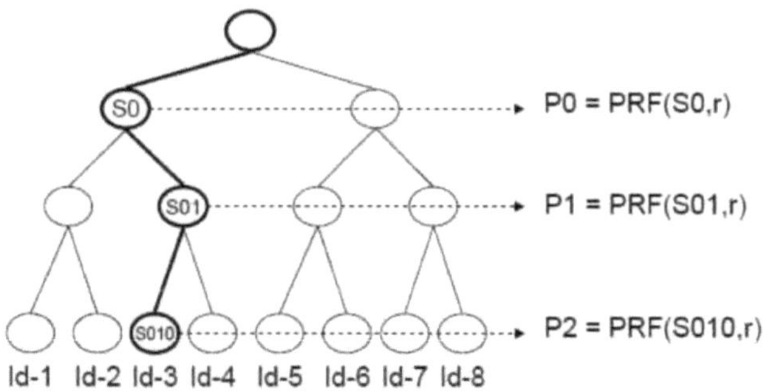

Figura 12: Três etapas da criação de um pseudónimo

Se os leitores estiverem em linha depois de receberem os pseudónimos (pseudónimo:=[r, p] = [r, p0, p1, p2]), transferem-nos para o Centro de Confiança para descodificação e identificação da etiqueta. A figura 13 mostra o fluxo de dados dos pseudónimos para descodificação. Sempre que uma etiqueta é lida, gera um novo número aleatório, cria novos pseudónimos e envia-os para os leitores. Isto significa que a identificação da etiqueta não pode ser lida por leitores não autorizados.

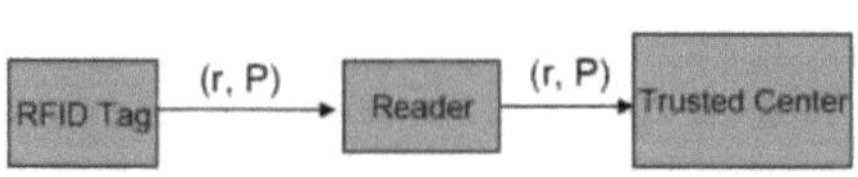

Figura 13: A etiqueta envia um número aleatório (r) e um conjunto de pseudónimos (P)

O Centro de Confiança recebe um número aleatório que foi gerado, o conjunto de pseudónimos do leitor e começa a descodificar a identidade da etiqueta. A central de confiança envia r e P para a função pseudo-aleatória que funciona como a função pseudo-aleatória na etiqueta e gera uma chave secreta. Em seguida, compara esta chave secreta com os filhos direito e esquerdo da raiz e percorre a árvore até encontrar a folha.

A figura 14 indica todos os níveis de descodificação de pseudónimos.

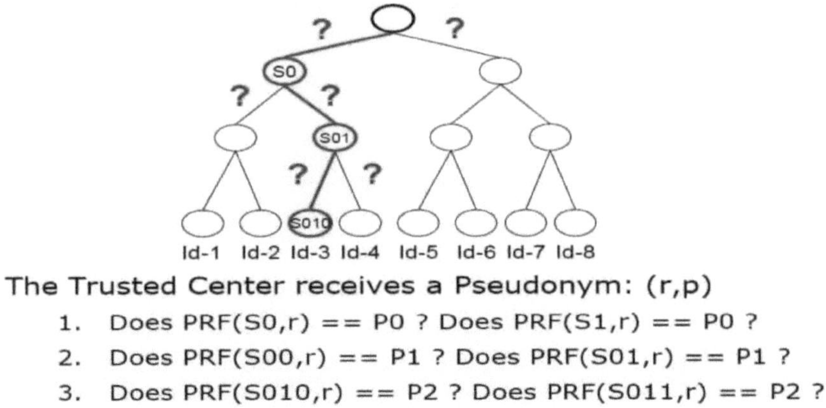

Figura 14: Níveis de descodificação de pseudónimos no Centro de Confiança

Os leitores em linha funcionam como um retransmissor que passa o pseudónimo da etiqueta para o Centro de Confiança e estes leitores requerem uma interação dispendiosa entre si e o CT de cada vez que a etiqueta é lida. Mas nos leitores offline o TC delega um segredo limitado no tempo. O segredo permite reconhecer os próximos q-pseudónimos da etiqueta. O leitor pode descodificar a etiqueta durante um número limitado de operações. No esquema, o TC pode computar um segredo de tempo limitado que fornece apenas a capacidade de desambiguar pseudónimos para uma determinada etiqueta durante um número limitado de vezes. Quando um leitor vê uma etiqueta pela primeira vez, não consegue reconhecê-la; assim, o leitor envia o pseudónimo que recebeu do TC. Se este leitor estiver autorizado para esta etiqueta, o TC pode devolver não só a identidade da etiqueta, mas também um segredo que permite a leitura da etiqueta durante um período de tempo limitado - por exemplo, para 1000 consultas - sem necessitar de mais interação com o TC.

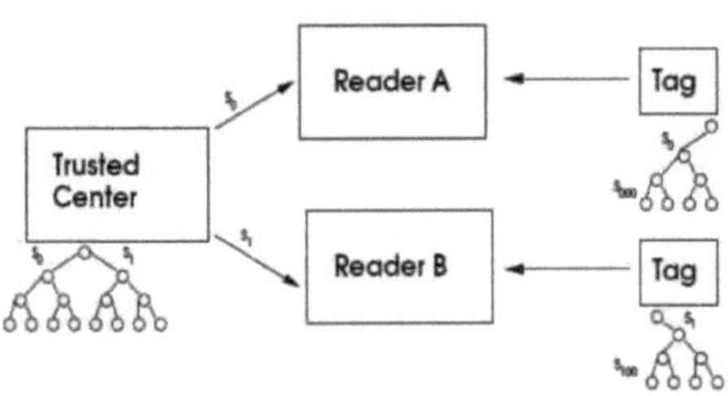

Figura 15: O Centro de Confiança delega o acesso a dois leitores diferentes

Após a identificação através da árvore de segredos, a etiqueta desbloqueia os seus dados e responde a qualquer comando solicitado pelo leitor. Nesta abordagem, a árvore de delegação ajuda os leitores a interagir com as etiquetas durante um período de tempo limitado sem comunicar com o TC. Neste método, uma folha da árvore de segredos actua como a raiz da árvore de delegação. A árvore de delegação tem um gerador pseudo-aleatório (PRG) que cria uma chave aleatória através da identidade da etiqueta. As árvores de delegação são derivadas pela construção GGM da aplicação de um gerador pseudo-aleatório aos pais. A ideia é ter uma "árvore de delegação" para cada etiqueta. O TC delega dando acesso a uma sub-árvore ao leitor. Uma sequência de pseudónimos é gerada pelos nós intermédios. A Figura 16 mostra uma árvore de delegação em que a raiz x desta árvore é uma folha da árvore de segredos.

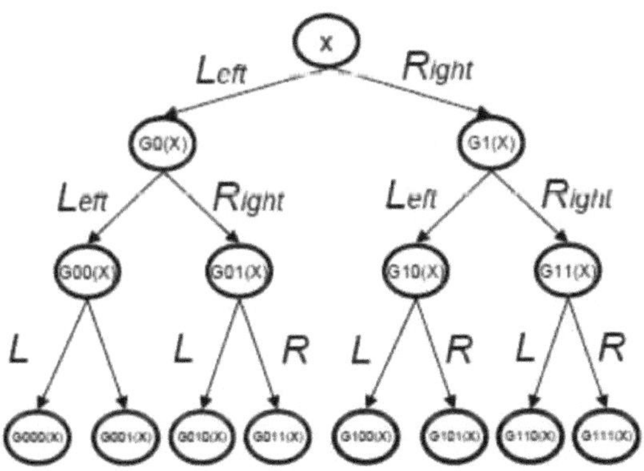

Figura 16: Árvore de delegação

Para implementar este protocolo, esta investigação propõe uma árvore com uma profundidade $d = d_1+d_2$, como mostra a Figura 17. No nível d_1, a árvore tem nós secretos que são escolhidos de forma uniforme e independente ao acaso pelo sistema backend (TC) durante a inicialização. Cada folha do nível d_1 é atribuída a uma etiqueta única. O algoritmo TC.GENERATETC cria uma árvore de segredos com um nível d_1 e atribui chaves secretas diferentes a cada nó. Quando uma etiqueta é registada no sistema através de TC.ENROLLTAG (ID), recebe todas as chaves no caminho desde o seu nó até à raiz. Por conseguinte, cada etiqueta só precisa de capacidade para armazenar d_1 segredos.

Nos d_2 níveis seguintes da árvore encontram-se os segredos que são derivados utilizando uma construção de árvore GGM (Goldreich, Goldwasser e Micali). Nesta parte, cada segredo é gerado com PRG. Isto significa que cada nó na árvore é o número aleatório seguinte que é gerado com o número de identidade da etiqueta. O conhecimento de um segredo no nível $\geq d_1$ permite calcular os segredos de todos os descendentes na sub-árvore com raiz nesse nó.

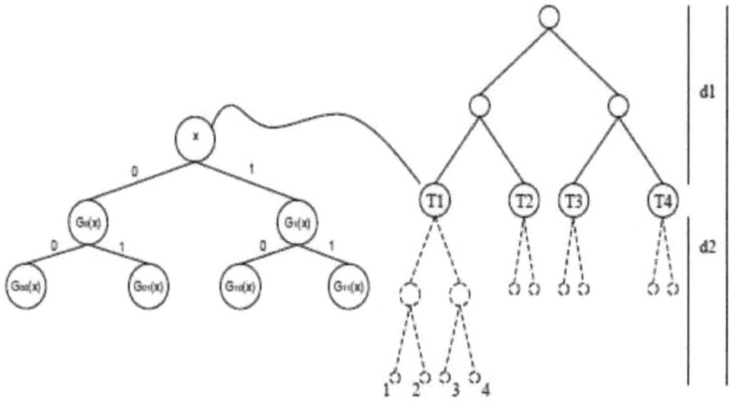

Figura 17: Um exemplo de árvore de segredos para quatro etiquetas no esquema de pseudónimos RFID.

O sistema backend precisa de uma função como *H*(*s*) que aponta para a chave associada ao nó *5* na árvore. Função $H:\{0,1\}^{\leq d1} \rightarrow K$ uniformemente aleatória, e pode estender-se ao nível d da árvore $H:\{0,1\}^{\leq d1} \rightarrow K$. Esta função deve ser a mesma no sistema backend e nas etiquetas, porque a saída com a chave secreta e o número aleatório deve ser a mesma. Este estudo aborda esta função e a simplicidade da árvore do protocolo. No software que é executado no sistema backend existe uma função que cria uma árvore binária com profundidade *y* que os sistemas RFID enviam para ela. Quando um nó é criado, esta função chama a função pseudo-aleatória para gerar uma chave secreta aleatória e depois a função atribui esta chave ao novo nó. A função pseudo-aleatória necessita de dois parâmetros para criar um pseudónimo que contém uma semente aleatória e um número para selecionar da lista de pseudónimos. O segundo número pode ser um contador que aumenta apenas um para cada novo nó.

A estrutura dos nós deve ter um campo para o nível d_1 que mostre a atribuição da folha a qualquer etiqueta ou não. Quando a árvore é criada, está dividida em dois níveis. O primeiro nível destina-se à identificação de etiquetas e o segundo nível à delegação. Por exemplo, se o número de etiquetas for superior a *z*, a profundidade do nível um deve ser $d_1 = log_2(z)$ para a árvore binária. O protocolo proposto pode implementar a árvore binária em SQL para armazenar todos os nós de forma permanente. Antes de utilizar uma etiqueta, os sistemas RFID têm de a registar no sistema. Para registar uma etiqueta, a função de registo começa por encontrar uma folha no nível d_1 que nunca foi atribuída a nenhuma etiqueta até ao momento e devolve todas as chaves secretas da raiz a este nó para serem armazenadas na etiqueta.

Nos níveis superiores a *dl*, os sistemas armazenam chaves secretas para a delegação. Quando o sistema backend decide delegar uma parte da árvore a um leitor para aceder à etiqueta, seleciona uma sub-árvore cuja raiz é um nó no nível d_1 e, dependendo do número de vezes que o leitor pode aceder à etiqueta, o sistema backend envia esta sub-árvore ao leitor. O processo de delegação cria uma sub-árvore e envia-a para o leitor autorizado. O leitor pode aceder à etiqueta consoante o número de folhas da sub-árvore. A Figura 18 demonstra o processo de delegação para dois leitores diferentes para aceder a etiquetas específicas. Cada leitor pode ler a etiqueta quatro vezes sem interagir com o TC.

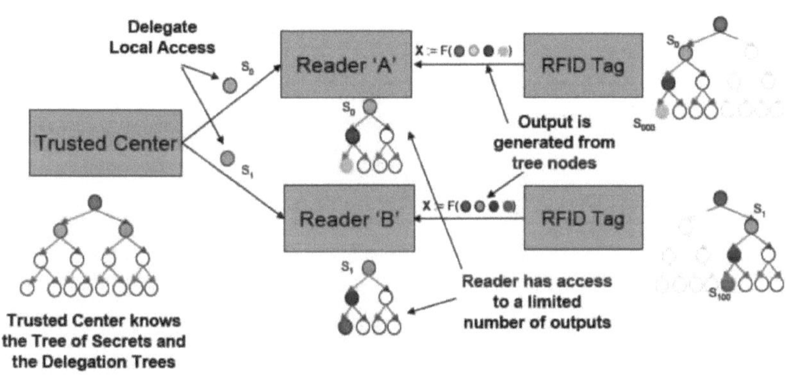

Figura 18: Processo de delegação

Nesta abordagem, a etiqueta necessita de uma memória não volátil para armazenar o contador. Para cada pedido do leitor, a etiqueta deve aumentar o seu contador e enviá-lo para o leitor para encontrar o próximo pseudónimo na árvore de delegação. Em seguida, o estudo propõe uma segunda versão do protocolo, que abrange as etiquetas sem memória para armazenar o contador. Nas tecnologias RFID de gama baixa e média, pode ser difícil escrever um estado permanente, como um contador, em cada leitura de etiqueta, o que torna o primeiro protocolo inaplicável. Por exemplo, a especificação EPC Gen II exige um gerador de números aleatórios, mas as etiquetas EPC são lidas a uma distância de vários metros e podem não ter energia suficiente disponível para as gravações.

Uma abordagem consiste em eliminar simplesmente os últimos *d2* níveis da árvore, de modo a que, em vez de um contador cujos últimos *d2* bits aumentam, a etiqueta contenha um valor único *de* d_1 *bits* t que é fixado no momento da inscrição. Outra abordagem consiste em manter os últimos *d2* níveis da árvore e substituir o contador por um contador de etiquetas de valor *d-bit* (Tag.c) cujos primeiros d1 bits são fixados no valor único *t* e cujos últimos *d2* bits são escolhidos uniformemente ao acaso para cada consulta. Os algoritmos do Centro de Confiança permanecem inalterados em ambos os casos. Infelizmente, a segunda versão deste protocolo não suporta a delegação limitada no tempo ou a transferência de propriedade.

TC State:
$H: \{0,1\}^{\leq d1} \rightarrow K$, a function.

Algorithm TC.GENRATETC():

1. Let $H: \{0,1\}^{\leq d1} \rightarrow K$ be a random function, i.e., pick $H(s) \in_R K$ uniformly at random for each bitstring s of length at most d_1.

Algorithm TC.ENROLLTag(ID):

1. Find the smallest integer $t \in \{0,1\}^{d1}$ that hasn't been assigned to any other tag.
2. Assign t to this tag.
3. Set $S := \{t_{1..j} : 1 \leq j \leq d_1\}$.
4. Return $(t\,0^{d2}, S, H|_S)$ as the state for this tag.

Algorithm TC.DELEGATE(L,R):

1. Let S denote the minimal subset of $\{0,1\}^{\leq d1}$ such that for all x with $L \leq x \leq R$, there exists $s \in S$ so that s is a prefix of x.
2. Return $H|_S$.

Algorithm TC.IDENTIFYTag(r, p):

1. Return DFS(r, p, 1, ∈), where ∈ denotes the empty bitstring.

Algorithm DFS(r, p = (p1, .., pd), i, s):

1. If i = d + 1, return {s1..d1}.
2. Set ids := 0;.
3. If $F_{H(s\,0)}(r)$ = pi then set ids := ids [DFS(r, p, i + 1, s 0).
4. If $F_{H(s\,1)}(r)$ = pi then set ids := ids [DFS(r, p, i + 1, s 1).
5. Return ids.

Além disso, os leitores precisam de alguns algoritmos para identificar a etiqueta quando estão offline ou quando o Centro de Confiança lhes delega esta ação. Algoritmos e estados necessários para que um leitor possa identificar uma etiqueta sem interagir com o Centro de Confiança.

Reader State:

$h : S \rightarrow K$, for some $S \subseteq \{0, 1\}^{\geq dl}$, with S initialized to 0.

Algorithm READER.IDENTIFYTAG(r, p):

1. Set ids := 0.
2. For each $s \in S$ such that no prefix of s is in S, do:
3. Set ids := ids ∪ DFS(r, p, len(s) + 1, s).
4. Return ids.

A pesquisa em profundidade (DFS) é um tipo de travessia de árvore. A DFS começa no nó raiz e o tempo de análise é O(log *N*). O algoritmo DFS verifica o pseudónimo gerado com a chave secreta do nó atual e o número aleatório recebido da etiqueta e compara-o com o pseudónimo que a etiqueta nos envia. Se os dois pseudónimos forem iguais, o algoritmo deve selecionar o nó atual para a travessia e, se não for o caso, o algoritmo deve verificar outro nó filho.

Outro problema do sistema RFID está relacionado com a propriedade. Por exemplo, se Alice der uma etiqueta RFID a Bob, como é que os sistemas impedem que Alice leia mais tarde a etiqueta RFID? Neste caso, Alice não pode ler a etiqueta depois de delegar a sua propriedade a Bob. Se os sistemas não tiverem a propriedade das etiquetas, a privacidade está em risco porque todos os leitores podem aceder à etiqueta durante todo o seu tempo de vida e rastreá-la. O sistema backend é notificado da transferência de propriedade e actualiza uma política de privacidade associada à etiqueta. A nova ID é associada à ID original da etiqueta na(s) base(s) de dados. Após esta ação, se Alice pedir acesso ao ID da etiqueta, o Centro de Confiança verifica a política de privacidade e compreende que Alice já não é proprietária do item e nega o acesso. A transferência de propriedade requer uma arquitetura em linha e um leitor/etiqueta que suporte operações de leitura/escrita. Nesta abordagem, a investigação propõe dois métodos de transferência de propriedade que podem ser executados com delegação offline.

No primeiro método, designado por *soft killing*, o Bob faz um pedido ao Trusted Center e fica a saber quantas folhas foram delegadas à Alice. Se o número de folhas for igual a *K*, o Bob tem de ler a etiqueta *K+1* vezes. A etiqueta terá então sido actualizada para além do acesso de Alice, pelo que esta deixará de ser capaz de desambiguar os pseudónimos da etiqueta. Repare que, mesmo que Bob saiba quantas folhas foram delegadas a Alice, continua a não conseguir distinguir uma etiqueta delegada a Alice de qualquer outra etiqueta sem a ajuda de Alice; isto porque a etiqueta emitirá um novo pseudónimo, pseudo-aleatório, em cada leitura. Por conseguinte, o conhecimento do número de folhas delegadas a Alice não afecta a privacidade do protocolo proposto.

A vantagem deste método é que não necessita de chaves secretas partilhadas entre o leitor e a etiqueta, mas necessita de muitas leituras de etiquetas. O "soft killing" também abre a possibilidade de um ataque de negação de serviço se um adversário ler a etiqueta muitas vezes; Alice pode recuperar desta situação pedindo simplesmente ao Centro de Confiança que delegue mais acesso.

Noutro método, Bob tem autorização para alterar o contador de uma etiqueta de *c* para *c'*. Bob envia à etiqueta uma semente aleatória *r*, após o que Bob e a etiqueta comunicam a autenticação mútua e criam um canal seguro com o segredo partilhado $Fh_{(c)}(r)$. O Bob envia então *c'*, mais uma prova de que o Bob conhece o segredo da folha *c'* para a etiqueta através do canal seguro. A etiqueta verifica que $c' > c$, pelo que o Bob só pode aumentar o contador da etiqueta, mas não diminuí-lo. Ao fazê-lo, Bob pode "saltar" a etiqueta sobre as folhas delegadas de Alice e ter a certeza de que Alice já não consegue ler a etiqueta. Aumentar o contador requer apenas uma leitura, mas também requer que Bob partilhe dois segredos com a etiqueta, um para a folha atual e outro para a nova folha *c'*. Note-se que, neste caso, o Centro de Confiança não precisa de estar envolvido na transação.

O protocolo apresenta muitos pontos fracos. Com isto, o estudo forneceu muitos métodos para as colmatar. O primeiro ponto fraco é a geração e armazenamento de 2^{dl+1} valores aleatórios independentes que o protocolo pode reduzir com a utilização de um PRF com uma chave *mestra mk* que nunca é revelada a nenhuma outra parte. O PRF avaliado num nodeID fornece o segredo para o nó:

$$H(s) = F_{\text{mk}}(s) \text{ for } s \in \{0, 1\}^{\leq dl} .$$

Outro ponto fraco é o gerador de números aleatórios nas etiquetas, porque é difícil gerar números aleatórios em algumas tecnologias RFID. O protocolo pode substituir o gerador de números aleatórios por um PRF executado em modo de contador se a etiqueta suportar um estado não volátil gravável. Neste método, o PRF gera pseudónimos com contador que é armazenado na etiqueta e não precisa de enviar este número para qualquer leitor em qualquer altura porque o TC conhece este número e pode enviá-lo para leitores autorizados. Trata-se de uma *geração de números aleatórios* personalizada.

Neste protocolo, o envio de todos os pseudónimos com uma única transação tem um custo excessivo. A investigação pode alterar esta parte do protocolo para *Truncagem de pseudónimos*. Isto significa que os leitores enviam apenas parte dos pseudónimos de que o TC necessita para o nível atual. Se o

Chapter III search follows false paths that do not correspond to the true tag identity, can reduce communication overhead with this method. Se o fator de ramificação for exatamente 2^a , é possível mostrar que o processo de pesquisa é um processo de nascimento-morte e que a complexidade esperada da pesquisa é $O(2^a \times \lg N) = O(2^a \times d)$.

Na prática, o protocolo proposto utilizaria árvores com factores de ramificação muito superiores a *2*. Um fator de ramificação maior reduz a profundidade da árvore, reduzindo assim o armazenamento e a computação das etiquetas, à custa de mais computação para o centro de confiança e o leitor. Por exemplo, considere um sistema RFID com $N = 2^{20}$ etiquetas, cada uma das quais será lida no máximo 2^{20} vezes. O protocolo constrói uma árvore de segredos de quatro camadas com um fator de ramificação $1024 = 2^{10}$ em todos os níveis. Cada etiqueta armazena dois segredos de 64 bits $s1$, $s2$, sendo o segundo segredo a raiz de uma árvore GGM que cobre os dois últimos níveis da árvore. Cada pseudónimo requer duas invocações PRF para computar $s3$, $s4$ e quatro invocações PRF para computar a resposta. O armazenamento total da etiqueta é de $2 \times 64 = 128$ bits e o cálculo total da etiqueta é de 6 aplicações do PRF. Se truncarmos as respostas da etiqueta para 10 bits nos nós internos e 64 bits na folha, e utilizarmos um *r* de 64 bits, a comunicação total da etiqueta é de $64 + 30 + 64 = 158$ bits. O trabalho para o leitor, por outro lado, é apenas 6×2^{10} aplicações do PRF.

Diagrama de fluxo de dados

A sequência de mensagens trocadas para o pedido de delegação e a delegação é ilustrada na figura

21.

Passo 1: O leitor R consulta a etiqueta T, juntando ao seu pedido um nonce NR recentemente gerado. Este nonce permite a R evitar ataques de repetição de uma etiqueta falsa.

Passo 2: Em resposta a esta consulta, T aumenta o seu contador C, gera um nonce NT e calcula o seu pseudónimo P. NT garante que a etiqueta cria um pseudónimo novo em cada consulta e protege o portador da etiqueta contra o rastreio.

Passo 3: R reencaminha P juntamente com as suas credenciais CredR.

Passo 4: Se CredR não for válido, o protocolo termina. Se o leitor tiver os direitos de identificação da etiqueta, a base de dados D descodifica o pseudónimo P da etiqueta, pesquisando o espaço de todas as chaves Kp da etiqueta que possui e calculando P até que o valor calculado corresponda ao pseudónimo recebido e devolve IDT . Se o leitor tiver direitos de delegação, a base de dados junta Kp à sua resposta.

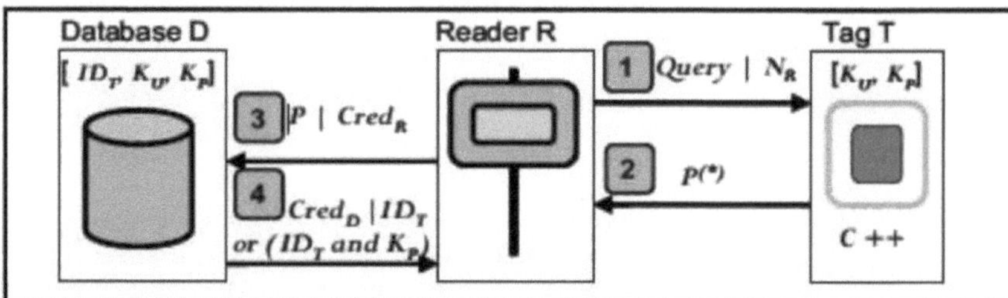

• Implementation based on symmetric key cryptographic function:

$$P = N_T \mid N_R \mid f_{K_P}(N_R \mid N_T)$$

Hash-based implementation:

$$P = N_T \mid N_R \mid H(N_T \text{ xor } K_P)$$

Figura 19: Pedido de delegação e delegação

Como a delegação não deve ser permanente, é necessário atualizar regularmente a chave Kp para terminar ou atualizar o estado de delegação do leitor. Para o efeito, T incorpora um contador que é incrementado em cada consulta. Quando o contador atinge o seu valor máximo **Cmax**, as chaves são actualizadas graças à chave Ku. Este mecanismo permite limitar a delegação do leitor a um número de consultas **Cmax** para uma determinada etiqueta. A sequência de mensagens trocadas para a atualização das chaves é ilustrada na figura 22.

Passo 1: O leitor R do novo proprietário interroga a etiqueta T juntando um valor nonce NR.

Passo 2: Em resposta, T incrementa o seu contador C, gera um nonce NT e calcula um novo pseudónimo $H(NT © K)$.

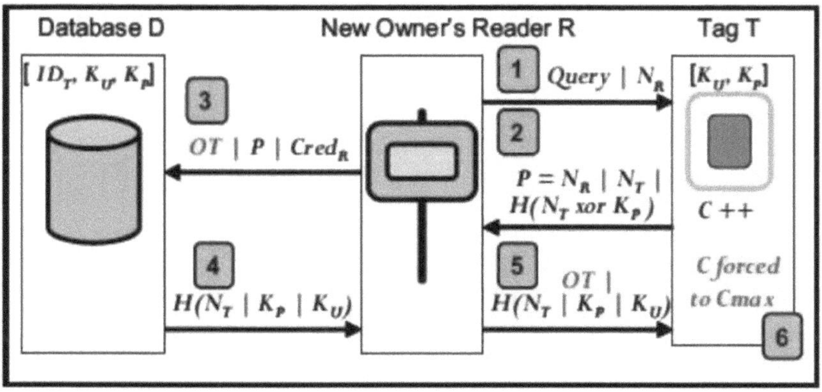

Figura 20: transferência de propriedade

Passo 3: R reencaminha a resposta da etiqueta para D, juntamente com um sinal de transferência de propriedade OT e as suas credenciais.

Passo 4: Se as credenciais de R forem válidas, D devolve os pseudónimos.

Passo 5: R transmite este valor a T juntamente com o sinal de transferência de propriedade OT.

Passo 6: A etiqueta T calcula os pseudónimos do seu lado. Se os dois valores de hash coincidirem, T força o seu contador para **Cmax**, dando início ao subprotocolo de atualização.

CAPÍTULO IV

APRESENTAÇÃO, ANÁLISE E INTERPRETAÇÃO DE DADOS

Descrição do projeto

Este estudo avalia e descreve o protocolo do ponto de vista dos requisitos de segurança.

Funcionamento normal

No protocolo proposto, a etiqueta responde com pseudónimos novos de cada vez que os leitores a consultam. A fórmula para gerar um pseudónimo novo é *PRF (K φ r)*, em que *K* é a chave secreta para a delegação. *r*, que é um valor numérico aleatório gerado em cada consulta, garante a frescura do pseudónimo, enquanto as chaves partilhadas restringem a capacidade de identificar a etiqueta para autorizar os mandantes.

Para garantir a confidencialidade e a integridade, os dados sensíveis são codificados com uma função criptográfica de chave simétrica, uma vez que os leitores ilegítimos não devem poder determinar as chaves secretas ou os *IDT* a partir das mensagens trocadas e, consequentemente, podem ser detectadas tentativas de alternar as comunicações. Além disso, a utilização de uma função criptográfica simétrica para codificar pseudónimos torna muito difícil comprometer os segredos partilhados a partir da análise criptográfica das mensagens trocadas.

A autenticação mútua é conseguida entre a etiqueta e a base de dados backend. *K* permite a autenticação entre a etiqueta e um leitor delegado. A base de dados backend e os leitores autenticam-se mutuamente com base em credenciais específicas.

Para detetar os ataques de repetição de etiquetas ilegais, emite um pseudónimo que é previamente gerado por uma etiqueta legítima. Este estudo permite que o leitor não gere nenhum número aleatório de cada vez que a etiqueta é consultada. Se a proposta for implementada, é necessário alterar *r* para *NT* e o número aleatório gerado pelo leitor para *NT*.

Para identificar uma etiqueta, o sistema backend deve efetuar uma pesquisa completa em *n* segredos armazenados na sua base de dados. Por conseguinte, a carga de trabalho do sistema é linear no número de etiquetas. Mais precisamente, o número médio de operações criptográficas necessárias para identificar uma etiqueta é $n/2$. A complexidade temporal desta abordagem é $O(n)$, mas neste protocolo são utilizadas árvores para reduzir a carga de trabalho do sistema para $O(\log n)$.

A técnica baseada em árvores baseia-se numa estrutura de árvore para reduzir a complexidade da identificação. Em vez de procurar um espaço plano de segredos, o investigador organizou as chaves secretas numa árvore equilibrada com um fator de ramificação α. As etiquetas são as folhas desta árvore e cada aresta está associada a um valor. Cada etiqueta tem de armazenar os valores ao longo do caminho desde a raiz da árvore até si própria. Esta sequência constitui o seu segredo, e cada valor é designado por um bloco de segredo.

Operações e ataques pouco comuns

Os resultados de ataques de interferência, perda de mensagens e outras operações anómalas no protocolo serão discutidos nesta parte.

Um dos ataques anómalos em qualquer sistema sem fios, como o sistema RFID, é a negação de serviço, que impede a identificação das etiquetas com perda ou bloqueio do pedido do leitor e da mensagem de resposta da etiqueta. Um atacante gera um sinal de interferência para que a etiqueta não receba a mensagem do leitor e não actualize a sua informação secreta enquanto o servidor actualiza a etiqueta. Após este ataque, a informação secreta será incompatível entre o leitor e a própria etiqueta. Por conseguinte, os protocolos posteriores falharão. Para resolver este problema, o servidor só precisa de armazenar a informação secreta anterior de cada etiqueta. Se o servidor falhar na procura de um MetaID, o servidor pode procurar através dos MetaIDs anteriores. Uma vez que só é armazenado no servidor mais um MetaID para cada etiqueta, é possível evitar eficazmente o ataque de negação de serviço. O-FRAP é um protocolo de autenticação para RFID em que um servidor backend autentica e identifica as etiquetas RFID. Cada etiqueta é numerada de 1 a n e todas as informações sobre as etiquetas são armazenadas numa base de dados D no servidor back-end. Por outro lado, note-se que o leitor RFID é omitido na descrição do O-FRAP, uma vez que desempenha essencialmente o papel de uma parte intermédia que retransmite a mensagem trocada entre uma etiqueta e o servidor.

Alteração de etiquetas

Esta secção examina o protocolo sobre a forma como a técnica da árvore permite localizar uma etiqueta quando o atacante consegue adulterar algumas etiquetas. O ataque consiste em três fases:

- O atacante tem uma etiqueta T_0 (por exemplo, a sua própria) que pode adulterar, obtendo assim o seu segredo completo. Para simplificar o cálculo, assume-se que T_0 é reposto em circulação. Quando o número de etiquetas no sistema é grande, isso não afecta significativamente os resultados. Em seguida, escolhe uma etiqueta-alvo T. Esta pode ser consultada, mas não pode ser manipulada.

- Dadas duas etiquetas T_1 e $T2$ tais que $T \in \{T_1, T_2\}$, diz-se que o atacante é bem sucedido se ele sabe definitivamente qual de T_1 e T_2 é T. O estudo define a probabilidade de rastrear T como sendo a probabilidade em que o atacante é bem sucedido. Para o fazer, o atacante pode consultar T_1 e T_2 as vezes que quiser, mas não pode voltar a adulterá-los.

O estudo parte do princípio de que o protocolo proposto garante a privacidade quando todos os blocos de segredos são escolhidos de acordo com uma distribuição idêntica. Além disso, o atacante não pode efetuar uma pesquisa completa no espaço secreto. Assim, a única forma de um atacante adivinhar um bloco de segredo de uma determinada etiqueta é consultá-la com os blocos de segredo que obteve ao adulterar uma etiqueta qualquer. Quando o atacante adultera apenas uma etiqueta, obtém apenas um bloco de segredo por nível da árvore. Assim, ela consulta T, e depois T_1 , e T_2 com este bloco. Se T_1 ou T_2 tiverem o mesmo bloco que T_0 , ela é capaz de determinar qual deles é T. Se nem T_1 nem T_2 tiverem o mesmo bloco que T_0 , então, ela não pode responder possivelmente. Por último, se T_1 e T_2 tiverem o mesmo bloco que T_0 , não pode responder; por conseguinte, pode passar ao nível seguinte da árvore porque a autenticação do leitor foi bem sucedida. O protocolo proposto formaliza a análise que se segue. Denota os segredos de T, T_0 , T_1 , e T_2 por $[s_1$, ---, $s1]$, $[s^0_1$, ---, s^0 1], $[s^1_1$, ---, s^1 1], e $[s^2_1$, ---, s^2 1] respetivamente. O protocolo considera um dado nível i em que s^1 i e s^2 i estão na mesma sub-árvore. Devem ser considerados quatro casos:

- $C^1_i = ((s^0_i = s^1_i) \wedge (s^0_i \neq s^2_i))$ then the attack succeeds,
- $C^2_i = ((s^0_i \neq s^1_i) \wedge (s^0_i = s^2_i))$ then the attack succeeds,
- $C^3_i = ((s^0_i \neq s^1_i) \wedge (s^0_i \neq s^2_i))$ then the attacks definitively fails,
- $C^4_i = (s^0_i = s^1_i = s^2_i)$ then the attacks fails at level i but can move into level $i + 1$.

Quando o número de etiquetas no sistema é grande, o estudo pode assumir que

$$\Pr(C^1_i) = \Pr((s^0_i = s^1_i)) \times \Pr((s^0_i \neq s^2_i)).$$

O mesmo pressuposto também se aplica a C^2 i, C^3 i e C^4 i. Assim, o protocolo tem:

$$\Pr(C^1_i \vee C^2_i) = \frac{2(\alpha-1)}{\alpha^2} \qquad (1 \leq i \leq l) \quad \text{and} \quad \Pr(C^4_i) = \frac{1}{\alpha^2}.$$

A probabilidade global P de que todo o ataque seja bem sucedido é, portanto

$$P = \Pr(C^1_1 \vee C^2_1) + \sum_{i=2}^{l} \left(\Pr(C_i^1 \vee C_i^2) \times \prod_{j=1}^{i-1} \Pr(C_j^4)\right)$$

$$= \frac{2(\alpha-1)}{\alpha^2} + \sum_{i=2}^{l} \left(\frac{2(\alpha-1)}{\alpha^2} \left(\frac{1}{\alpha^2}\right)^{i-1}\right) = 2(\alpha-1)\frac{1-\left(\frac{1}{\alpha^2}\right)^l}{1-\frac{1}{\alpha^2}} \frac{1}{\alpha^2}$$

Remember that $\alpha^l = n$ yields $P = \frac{2}{\alpha+1}\left(1 - \frac{1}{n^2}\right)$. The curve of P when $n = 2^{20}$ is the curve plotted on Figure 21 with $k_0 = 1$.

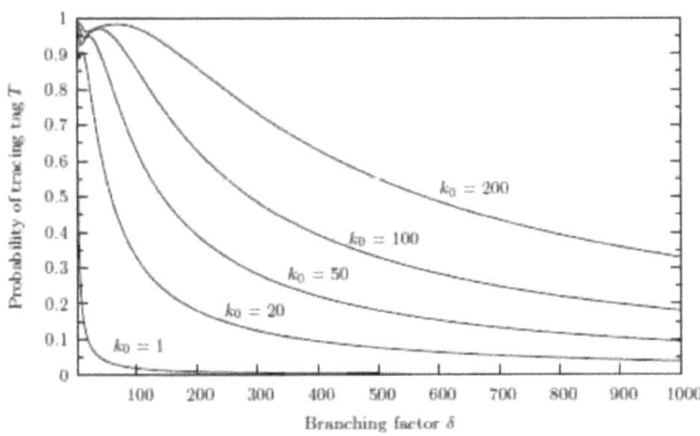

Figura 21: Probabilidade de localizar uma etiqueta quando o atacante adulterou k0 etiquetas

Tabela 6: Probabilidade de o ataque ser bem sucedido de acordo com o fator de ramificação α, dado que k0 etiquetas foram abertas e o sistema contém 2^{20} etiquetas

k_0 \ α	*2*	*20*	*100*	*500*	*1000*
1	*66.6%*	*9.5%*	*1.9%*	*0.3%*	*0.1%*
20	*95.5%*	*83.9%*	*32.9%*	*7.6%*	*3.9%*
50	*98.2%*	*94.9%*	*63.0%*	*18.1%*	*9.5%*
100	*99.1%*	*95.4%*	*85.0%*	*32.9%*	*18.1%*
200	*99.5%*	*96.2%*	*97.3%*	*55.0%*	*32.9%*

Caraterísticas e capacidades do projeto

Aspeto computacional

O estudo parte do princípio de que, na maioria das vezes, os leitores são delegados, ou seja, o subprotocolo de delegação é o procedimento habitual e comummente utilizado. Esta subsecção apresenta o número de cálculos efectuados pelas diferentes entidades durante as várias fases do protocolo.

1) Subprotocolos de delegação e de pedido de delegação: Para criar novos pseudónimos, a etiqueta requer a geração de um nonce, a computação de uma função pseudo-aleatória como d_1 vezes. A etiqueta também precisa de incrementar o seu contador.

Quando os leitores são delegados, a base de dados back-end não efectua qualquer cálculo. Por outro lado, quando um leitor pede a delegação pela primeira vez, são necessários, em média, N cálculos (N vezes d_1 função pseudo-aleatória) para identificar a etiqueta a partir do pseudónimo transmitido pelo leitor, em que N é o número de etiquetas que dependem da base de dados back-end. Uma solução para reduzir a complexidade máxima desta pesquisa (de $2N$ para $logN$) pode ser adicionar uma árvore para armazenar todas as chaves secretas e encontrar a identidade da etiqueta através de uma pesquisa em profundidade.

Se for delegado, são necessários em média $M=2$ cálculos para um leitor descodificar o pseudónimo, sendo M o número de etiquetas para as quais o leitor tem delegação. A investigação parte do princípio de que M é muito inferior a N.

2) Protocolos de transferência de propriedade: No método *soft killing,* o novo proprietário consulta o Centro de Confiança e fica a saber quantas folhas foram delegadas ao antigo proprietário. Depois disso, o novo proprietário tem de ler a etiqueta mais uma vez do que as vezes delegadas para que o antigo proprietário obtenha a propriedade. No método de aumento *do contador da etiqueta*, o novo proprietário apenas comunica com a etiqueta e altera o contador da etiqueta um para c', ou seja, mais um do que c. Neste método, c é o número de folhas da árvore delegada.

Armazenamento

Em aplicações RFID de baixo custo, o tamanho da memória das etiquetas é crítico em comparação com a memória de outros dispositivos. No protocolo proposto, a etiqueta precisa de armazenar d_1 chaves secretas, sendo que d_1 são níveis da árvore de segredos e contém um contador de 20 bits. Necessita também de alguma memória intermédia para as operações criptográficas. No protocolo descrito, o Centro de Confiança tem de gerar e armazenar 2^{d1+1} valores aleatórios independentes. O protocolo pode reduzir este armazenamento a uma única chave se, em vez disso, o Centro de Confiança utilizar um PRF com uma chave *mestra mk* que nunca é revelada a nenhuma outra parte.

Comunicações

Uma das vantagens dos protocolos de delegação é o facto de minimizarem o número de mensagens trocadas entre as etiquetas e a base de dados back-end correspondente. As comunicações são efectuadas principalmente entre as etiquetas e os leitores e apenas são trocadas duas mensagens. Para a transferência de propriedade, são trocadas quatro a cinco mensagens, o que é geralmente aceitável.

Capturas de ecrã do sistema

O projeto tem um formulário principal que simula o protocolo. Na primeira imagem de ecrã, são demonstradas todas as teclas utilizadas neste estudo.

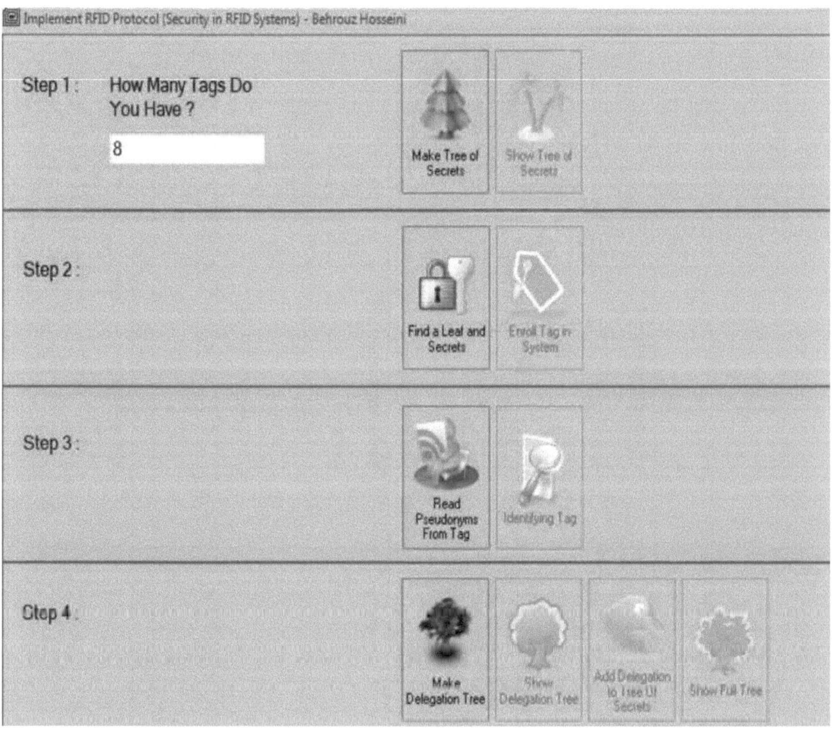

Na segunda captura de ecrã, o protocolo proposto concebe uma árvore gráfica para demonstrar a árvore de segredos ou a árvore de delegação utilizada no estudo. A imagem abaixo é a vista gráfica das árvores.

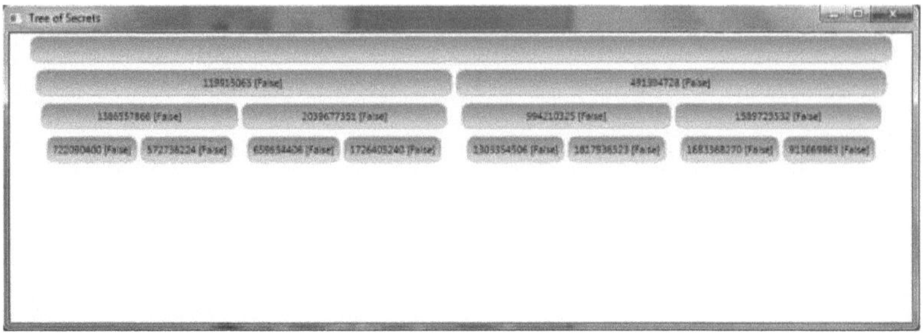

Avaliação do projeto

Título do projeto: Nome ________ do avaliador: ______________________________

Data: Área temática: Nível de ensino: ______________

Breve descrição: ____

AVALIAÇÃO

Utilize a seguinte lista de verificação para refrescar a sua memória relativamente a aspectos importantes do software RFID. Leia toda a lista primeiro e, em seguida, marque os itens apropriados depois de examinar o software. Utilize a secção Avaliação resumida para registar as suas impressões sobre o software.

	Altamente aceitável	**Aceitável**	**Moderadamente aceitável**	**Ligeiramente aceitável**	**Não aceitável**
O software protege adequadamente a privacidade.					
O software tornaria as etiquetas mais eficazes.					
Trabalho dos leitores fora de linha					
Os leitores RFID podem detetar etiquetas sem qualquer problema.					
A rapidez do registo de etiquetas					

Rejeitar etiquetas falsificadas					
Armazenamento de dados sensíveis numa base de dados centralizada					
O algoritmo criptográfico é suficientemente seguro					
O algoritmo criptográfico suporta etiquetas RFID de baixo custo					
Leitores não autorizados não podem ler dados de tags					
Alterar o trabalho de propriedade corretamente					
Tempo de leitura da etiqueta					
Desempenho do sistema para um grande número de leitores					
Os menus e outras funcionalidades tornam o programa fácil de utilizar.					
Sem erros; o programa funciona corretamente.					
O software executa as tarefas de gestão de forma satisfatória.					
O programa utiliza problemas da vida real e/ou cenários autênticos.					

Avaliação sumária (E=Excelente, VG=Muito Bom, G=Bom, F=Fraco, P=Péssimo)

	Altamente aceitável	**Aceitável**	**Moderadamente aceitável**	**Ligeiramente aceitável**	**Não aceitável**
Adequação					

Desempenho					
Documentação					
Facilidade de utilização					
Classificação geral					

CHAPÍTULO V

RESUMO DOS RESULTADOS, CONCLUSÕES E RECOMENDAÇÕES

Resumo das conclusões

Existem muitos protocolos para a segurança no sistema RFID e cada um deles tem alguns requisitos e alguns pontos fracos. Alguns protocolos são definidos para fins especiais ou dispositivos especiais, mas neste estudo o proponente tenta determinar um protocolo que suporte etiquetas RFID de baixo custo com o melhor desempenho.

Para garantir a segurança do sistema RFID, é necessário conhecer todos os tipos de ataques no RFID e encontrar soluções para os evitar. O estudo deve categorizar todos os ataques e concentrar-se em alguns ataques que os abrangem. O estudo concentra-se na criptografia e nas autenticações. Além disso, o estudo não pode abranger todos os ataques porque alguns deles dependem da segurança eletrónica ou física. A investigação parte do princípio de que os sistemas RFID têm etiquetas RFID, leitores e um sistema back-end com algumas caraterísticas e concebem e implementam o protocolo neste hardware específico.

A criptografia tem muitos ramos, mas é necessário definir uma criptografia leve para os sistemas RFID porque, para executar uma função criptográfica numa etiqueta, os algoritmos criptográficos necessitam de muitas portas. Para criar uma etiqueta com mais de *10 mil* portas, os sistemas RFID têm de gastar dinheiro e uma etiqueta com um preço elevado não é adequada para a maioria das cadeias de abastecimento. O estudo propõe um protocolo que utiliza uma função criptográfica leve para proteger todas as comunicações entre etiquetas, leitores e sistemas back-end.

A parte mais importante da segurança é a complexidade temporal, que nos ajuda a conceber um sistema eficiente. O protocolo utiliza árvores para aumentar a eficiência e identificar etiquetas legais. O mais importante na comunicação sem fios é a transferência de dados através de um canal seguro. Existem muitos protocolos para proteger o canal entre os leitores e a etiqueta, mas não se devem transferir quaisquer dados importantes antes de proteger o canal.

Os formulários de avaliação são preenchidos pelos utilizadores e o resultado do formulário é avaliado num quadro recapitulativo. Cada formulário de avaliação tem um número específico e, no resumo, é indicado como número do formulário de avaliação. Atribuiu-se um número a cada pergunta e os resultados são apresentados no quadro.

O total de pontos é a soma de todos os resultados de cada pergunta e o total de avaliações realizadas é o número de utilizadores que responderam a essa pergunta. A média é a soma dos pontos dividida pelo número de respostas. Estes números mostram a média das taxas que os utilizadores indicam para cada pergunta.

O segundo quadro diz respeito às caraterísticas gerais do protocolo, como o desempenho ou a facilidade de utilização, e fornece, tal como o primeiro quadro, extractos dos formulários de avaliação.

Quadro recapitulativo das respostas aos formulários de avaliação

Os participantes classificaram cada avaliador utilizando a seguinte escala:

5-Altamente aceitável 4-Aceitável3-Moderadamente aceitável

2-Ligeiramente aceitável 1-Não aceitável N/A Não aplicável

Avaliação	Formulári	1	2	3	4	5	6	Total de pontos	Total de avaliações efectuadas	Pontuação média para essa pergunta
Perguntas #	1	5	5	4	4	4	5	27	6	4.5
	2	5	5	5	5	3	5	28	6	4.66
	3	4	4	5	5	5	5	28	6	4.66
	4	5	5	5	5	3	4	27	6	4.5
	5	5	5	4	5	4	5	28	6	4.66
	6	5	5	4	4	4	5	27	6	4.5
	7	5	5	5	5	5	5	30	6	5
	8	5	5	5	5	4	5	29	6	4.83
	9	5	5	5	5	4	5	29	6	4.83
	10	5	5	5	5	4	5	29	6	4.83
	11	4	5	5	4	3	5	26	6	4.33
	12	5	4	4	4	4	5	26	6	4.33
	13	4	5	5	4	4	5	27	6	4.5
	14	N/A	5	5	5	5	4	24	5	4.8
	15	5	5	5	4	4	5	28	6	4.66

	16	4	5	5	4	5	5	28	6	4.66
	17	4	5	5	5	3	5	27	6	4.5

Avaliação Formulário #	**Adequação**	**Desempenho**	**Documentação**	**Facilidade de utilização**	**Classificação geral**
1	4	5	4	5	N/A
2	5	5	5	4	5
3	5	5	5	5	5
4	4	5	5	4	5
5	4	5	4	5	4
6	5	5	4	4	5
Total Pontos	**27**	**30**	**27**	**27**	**24**
Total de avaliações efectuadas	6	6	6	6	5
Média	**4.5**	**5**	**4.45**	**4.5**	**4.8**

A média no resumo que mostra a maioria das avaliações é altamente aceitável pelos utilizadores, mas há muitas fraquezas em algumas partes. A segurança necessita de um grau elevado em todas as partes e os pontos fracos devem ser cobertos por algumas soluções. Apenas as perguntas 11 e 12 têm um grau baixo e as outras perguntas são altamente aceitáveis para a segurança nos sistemas RFID. A primeira pergunta sem um grau altamente aceitável está relacionada com a mudança de propriedade e não funciona provavelmente porque, quando a propriedade da etiqueta muda toda a delegação para os leitores, esta deve ser terminada. Isto significa que o protocolo precisa de alterar o método de alteração da propriedade.

Outro ponto fraco informado pelo utilizador é o tempo de leitura da etiqueta. No protocolo, as etiquetas têm de gerar um número aleatório e criar mais do que um pseudónimo, o que requer tempo. Este problema é uma das limitações dos tags RFID de baixo custo e este problema depende do tag. Se nos sistemas RFID se utilizarem tags melhores, o tempo de leitura pode ser melhor. Outra solução é alterar o fator de ramificação da árvore para diminuir o número de chaves secretas que devem ser armazenadas nas etiquetas. Quando o número de segredos diminui, o número de pseudónimos diminui e o tempo de leitura aumenta.

Conclusão

Nos sistemas RFID, existe uma comunicação sem fios entre uma etiqueta e um leitor que deve ser segura para a transmissão de dados. O maior problema é a estrutura e o custo das etiquetas. Se se quiser utilizar etiquetas RFID na cadeia de abastecimento, as empresas têm de ter em conta o custo das etiquetas, porque cada mercadoria precisa de uma etiqueta e, para uma produção enorme, os sistemas precisam de muitas etiquetas. Consequentemente, a utilização de etiquetas RFID de baixo custo implica a perda de algumas caraterísticas da etiqueta e a segurança será muito difícil de implementar. O protocolo do investigador propõe etiquetas RFID de baixo custo com o máximo desempenho e segurança. Todos os protocolos de segurança têm pontos fracos em relação a alguns ataques e todos eles podem ser quebrados, mas o tempo de resistência e a complexidade da segurança são importantes. A árvore de segredos ajuda a proteger a comunicação com autenticação mútua e a reduzir a complexidade do tempo.

Poucos trabalhos de investigação têm sido efectuados para delegar nos leitores a capacidade de identificar as etiquetas. Os protocolos propostos tentam reduzir a carga sobre a base de dados central em linha, frequentemente utilizada em esquemas de proteção da privacidade, entregando aos leitores autenticados segredos temporários que permitem a identificação das etiquetas. Estas soluções são normalmente combinadas com protocolos de transferência de propriedade, uma vez que os segredos transitórios podem simplificar a transferência de uma etiqueta de um proprietário para outro. O protocolo nunca partilha as chaves secretas e transfere apenas pseudónimos das etiquetas para o leitor ou para o sistema back-end. A árvore de segredos permite ao investigador delegar a identificação ou a leitura de etiquetas durante um período limitado. Esta caraterística é muito útil para redes offline ou com pouca largura de banda. Após a autenticação mútua, os sistemas RFID podem enviar e receber todos os dados significativos num canal seguro.

A transferência de propriedade é outra parte do protocolo para aumentar a privacidade. Nesta secção, apenas o leitor com credencial pode aceder à etiqueta e os antigos proprietários não podem ler ou localizar a etiqueta depois de esta ser libertada das suas secções.

O custo de cada etiqueta é de cerca de 10 PHP e o número de artigos na biblioteca deve ser multiplicado por 10 PHP para calcular o custo das etiquetas RFID. Na biblioteca da escola de pós-graduação existem cerca de 18 000 objectos e este número deve ser multiplicado por 10 para calcular o custo das etiquetas. Os identificadores RFID utilizados na biblioteca são do tipo UHF e C1G2.

Na biblioteca estão instalados três leitores RFID, um deles para detetar livros não autorizados na porta de entrada/saída. Dois outros leitores são utilizados para o check in/out. Um deles serve para o auto-check in/out e o outro para o serviço de check in/out através dos bibliotecários.

Após a implementação do sistema RFID na biblioteca, a velocidade de processamento de dados é mais rápida do que o mecanismo antigo e a deteção antirroubo ajuda os bibliotecários a evitar o roubo de artigos da biblioteca. Após a implementação do sistema RFID na biblioteca da escola de pós-graduação, a gestão dos livros é melhor porque os gestores podem detetar e encontrar livros com o leitor portátil muito facilmente.

Recomendações

Alguns pontos fracos do protocolo proposto estão relacionados com a clonagem de etiquetas. Todos os segredos armazenados na etiqueta podem ser roubados com o método de clonagem e utilizados para piratear outras etiquetas. Se for possível desenvolver o protocolo e combiná-lo com os protocolos de clonagem, pode ser um sistema RFID fiável.

A biblioteca pode ser automatizada com a utilização de um sistema RFID. Existem muitas abordagens para melhorar o desempenho da gestão da biblioteca. As prateleiras inteligentes ou a utilização de sistemas de livros suspensos podem ajudar os bibliotecários a desenvolver a biblioteca e a geri-la automaticamente. Existem muitos algoritmos de criptografia leves que podem ajudar a proteger todas as transacções RFID.

Neste estudo, todos os dados são armazenados na memória dos servidores para melhorar o tempo de resposta, mas existem muitos outros métodos para utilizar bases de dados com elevado desempenho para implementar este estudo.

REFERÊNCIAS

Avoine, G., & Oechslin, P. (2005). Um protocolo RFID baseado em hash escalável e comprovadamente seguro. *Workshop Internacional sobre Computação Pervasiva e Segurança das Comunicações - PerSec, Ilha de Kauai, Havai.*

Chatmon, C. (2006). Protocolos de autenticação RFID anónimos e seguros. *Relatório técnico TR- 060112, Florida State University, Department of Computer Science, Tallahassee, Florida, EUA.*

Cole, H., & Ranasinghe, C. (2008). Abordar as inseguranças e as violações da privacidade. *Network RFID Systems and Lightweight Cryptography, 101-145.*

Dimitriou, T. (2005). Um protocolo RFID leve para proteção contra ataques de rastreabilidade e clonagem. *Conferência sobre Segurança e Privacidade para Áreas Emergentes em Redes de Comunicação - SecureComm, Atenas, Grécia.*

Dimitriou, T. (2006). Um protocolo RFID seguro e eficiente que pode tornar o Big Brother (parcialmente) obsoleto. *Conferência Internacional sobre Computação e Comunicações Pervasivas - PerCom 2006, Pisa, Itália.*

Dominikus, S., Oswald, E., & Feldhofer, M. (2005). Autenticação simétrica para sistemas RFID na prática. *Workshop ECRYPT sobre RFID e criptografia leve, Graz, Áustria.*

Duc, D.N., Lee, H., & Kim, K. (2006). Enhancing Security of EPCglobal Gen-2 RFID Tag against Traceability and Cloning (Reforço da segurança da etiqueta RFID EPCglobal Gen-2 contra rastreabilidade e clonagem).

Engberg, S.J., Harning, M.B., & Jensen, C.D. (2004). Autenticação de dispositivo de conhecimento zero: RFID melhorado em termos de privacidade e segurança, preservando o valor comercial e a conveniência do consumidor. *Conferência sobre Privacidade, Segurança e Confiança - PST, New Brunswick, Canadá.*

Feldhofer, M. (2003). Uma proposta de protocolo de autenticação numa camada de segurança para etiquetas inteligentes RFID. *Stiftung Secure Information and Communication Technologies SIC.*

Feldhofer, M., Dominikus, S., & Wolkerstorfer, J. (2004). Autenticação forte para sistemas RFID usando o algoritmo AES. *Workshop sobre hardware criptográfico e sistemas incorporados - CHES 2004. Notas de aula em Ciência da Computação, 3156, 357-370.*

Gao, X., Xiang, Z., Wang, H., Shen, J., Huang, J., & Song, S. (2004). Uma abordagem à segurança e privacidade do sistema RFID para a cadeia de abastecimento. *Conferência Internacional do IEEE sobre Tecnologia de Comércio Eletrónico para Negócios Electrónicos Dinâmicos.*

Henrici, D., & Müller, P. (2004). Hash-based enhancement of location privacy for radiofrequency identification devices using varying identifiers (Melhoramento da privacidade da localização dos dispositivos de identificação por radiofrequência com base em hash, utilizando identificadores variáveis). *Sandhu, R., Thomas, R. (ed.): Workshop Internacional sobre Computação Pervasiva e Segurança das Comunicações - PerSec*

Juels, A., & Pappu, R. (2003). Squealing Euros: Privacy Protection in RFID-Enabled Banknotes (Proteção da privacidade nas notas com RFID). *Wright R. (ed.): Criptografia Financeira - FC'03. Notas de aula em Ciência da Computação, 2742, 103-121.*

Juels, A. (2004). Criptografia minimalista para etiquetas RFID de baixo custo. *Conferência sobre Segurança em Redes de Comunicação - SCN'04, LNCS, Amalfi, Itália.*

Juels, A. (2005). Reforço das etiquetas EPC contra a clonagem. *Jakobsson, M., Poovendran, R. (ed.): Workshop ACM sobre segurança sem fios*, 67-76.

Juels, A., & Weis, S.A. (2005). Autenticação de dispositivos pervasivos com protocolos humanos. *Shoup, V. (ed.): Advances in Cryptology - CRYPTO'05. Lecture Notes in Computer Science*, 3126, 293-308.

Koh, R., Schuster, E.W., Chackrabarti, I., & Bellman, A. (2003). Securing the pharmaceutical supply chain. *Livro Branco, Auto-ID Labs, Instituto de Tecnologia de Massachusetts.*

Lehtonen, M., Ostojic, D., Ilic, A., & Michahelles, F.(2009). Proteger os sistemas RFID detectando a clonagem de etiquetas. *Pervasive Computing, 5538, 291-308.*

Molnar, D., Soppera, A., & Wagner, D. (2005). Um protocolo de pseudónimo escalável e delegável que permite a transferência de propriedade de etiquetas RFID. *Áreas selecionadas em criptografia, 3897, 276-290.*

Myung, J., Lee, W., Srivastava, J., & Shih, T.K. (2006). Adaptive Binary Splitting (divisão binária adaptável): Um protocolo de arbitragem de colisão de etiquetas RFID para identificação de etiquetas. *Mobile Networks and Applications, 11 (5), 711-722.*

Myung, J., & Lee, W. (2007). Comparative Evaluation of Probabilistic and Deterministic Tag Anticollision Protocols for RFID Networks (Avaliação comparativa de protocolos probabilísticos e determinísticos de anticolisão de etiquetas para redes RFID). *Emerging Diretions in Embedded and Ubiquitous Computing, 4809, 538-549.*

Ranasinghe, D.C., Engels, D.W., & Cole, P.H. (2004). Segurança e privacidade: Modest proposals for low-cost RFID systems (Propostas modestas para sistemas RFID de baixo custo). *Workshop de investigação do Auto-ID Labs, Zurique, Suíça.*

Rhee, K., Kwak, J., Kim, S., & Won, D. (2005). Protocolo de autenticação RFID baseado em desafio-resposta para ambiente de base de dados distribuída. *Hutter, D., Ullmann, M. (ed.): Conferência Internacional sobre Segurança em Computação Pervasiva - SPC 2005. Notas de aula em Ciências da Computação, 3450, 70-84.*

Tsudik, G. (2006). YA-TRAP: Mais um protocolo trivial de autenticação RFID. *Conferência Internacional sobre Computação e Comunicações Pervasivas - PerCom 2006, Pisa, Itália.*

Vajda, I., & Buttyàn, L. (2003). Protocolos de autenticação leves para etiquetas RFID de baixo custo. *Workshop sobre Seguranca em Computacão Ubíqua.*

Weis, S.A., Sarma, S.E., Rivest, R.L., & Engels, D.W.(2003). Aspectos de segurança e privacidade dos sistemas de identificação por radiofrequência de baixo custo. *Hutter, D., Müller, G., Stephan, W., Ullmann, M. (ed.): Conferência Internacional sobre Segurança em Computação Pervasiva - SPC 2003, 2802, 454-469.*

Yang, J., Park, J., Lee, H., Ren, K., & Kim, K. (2005). Protocolo de autenticação mútua para RFID de baixo custo. *Apostila do Ecrypt Workshop on RFID and Lightweight Crypto.*

Zhang, X., & King, B.(2005). Integrity Improvements to an RFID Privacy Protection Protocol for Anti-counterfeiting (Melhorias na integridade de um protocolo de proteçao da privacidade RFID para anti-falsificação).

Zhou, J., Lopez, J., Deng, R., Bao, F. (ed.): Conferência de Segurança da Informação - ISC 2005. Lecture Notes in Computer Science, 3650, 74-481.

EPCglobal Inc.: Specification for RFID air interface (2007). Disponível em:

http://www.epcglobalinc.org/standards_technology/EPCglobal2UHFRFIDProtocolV109122 005.pdf.

MIX
Papier aus verantwortungsvollen Quellen
Paper from responsible sources
FSC® C105338

Printed by Books on Demand GmbH, Norderstedt / Germany